L&PMPOCKETENCYCLOPAEDIA

Platão

SÉRIE L&PMPOCKET**ENCYCLOPAEDIA**

- *Alexandre, o Grande* Pierre Briant
- *Budismo* Claude B. Levenson
- *Cabala* Roland Goetschel
- *Capitalismo* Claude Jessua
- *Cérebro* Michael O'Shea
- *China moderna* Rana Mitter
- *Cleópatra* Christian-Georges Schwentzel
- *A crise de 1929* Bernard Gazier
- *Cruzadas* Cécile Morrisson
- *Dinossauros* David Norman
- *Economia: 100 palavras-chave* Jean-Paul Betbèze
- *Egito Antigo* Sophie Desplancques
- *Escrita chinesa* Viviane Alleton
- *Existencialismo* Jacques Colette
- *Geração Beat* Claudio Willer
- *Guerra da Secessão* Farid Ameur
- *História da medicina* William Bynum
- *História da vida* Michael J. Benton
- *Império Romano* Patrick Le Roux
- *Impressionismo* Dominique Lobstein
- *Islã* Paul Balta
- *Jesus* Charles Perrot
- *John M. Keynes* Bernard Gazier
- *Jung* Anthony Stevens
- *Kant* Roger Scruton
- *Lincoln* Allen C. Guelzo
- *Memória* Jonathan K. Foster
- *Maquiavel* Quentin Skinner
- *Marxismo* Henri Lefebvre
- *Mitologia grega* Pierre Grimal
- *Nietzsche* Jean Granier
- *Paris: uma história* Yvan Combeau
- *Platão* Julia Annas
- *Primeira Guerra Mundial* Michael Howard
- *Relatividade* Russell Stannard
- *Revolução Francesa* Frédéric Bluche, Stéphane Rials e Jean Tulard
- *Rousseau* Robert Wokler
- *Santos Dumont* Alcy Cheuiche
- *Sigmund Freud* Edson Sousa e Paulo Endo
- *Sócrates* Cristopher Taylor
- *Teoria quântica* John Polkinghorne
- *Tragédias gregas* Pascal Thiercy
- *Vinho* Jean-François Gautier

Julia Annas

Platão

Tradução de Marcio de Paula S. Hack

www.lpm.com.br
L&PM POCKET

Coleção **L&PM** POCKET, vol. 1028

Julia Annas é professora de filosofia na University of Arizona e já lecionou em Oxford e Columbia. É autora de, entre outros, *Ancient Philosophy*, *An Introduction to Plato's Republic* e *The Morality of Hapiness*, todos publicados pela Oxford University Press.

Texto de acordo com a nova ortografia.

Título original: *Plato*

Primeira edição na Coleção **L&PM** POCKET: abril de 2012

Tradução: Marcio de Paula S. Hack
Capa: Ivan Pinheiro Machado. *Ilustração*: detalhe do afresco de Rafael
   A escola de Atenas. Museu do Vaticano / Getty Images
Preparação: Patrícia Yurgel
Revisão: Simone Borges

CIP-Brasil. Catalogação na Fonte
Sindicato Nacional dos Editores de Livros, RJ

A62p

Annas, Julia
   Platão / Julia Annas; tradução de Marcio de Paula S. Hack. – Porto Alegre, RS: L&PM, 2012.
   112p. : 18 cm   (Coleção L&PM POCKET; v. 1028)

   ISBN 978-85-254-2620-8

   1. Platão. 2. Filosofia antiga. I. Título. II. Série

12-1111.   CDD: 184
                                 CDU: 1(38)

© Julia Annas, 2003
**Platão foi originalmente publicado em inglês em 2003.
Esta tradução é publicada conforme acordo com a Oxford University Press.**

Todos os direitos desta edição reservados a L&PM Editores
Rua Comendador Coruja, 314, loja 9 – Floresta – 90220-180
Porto Alegre – RS – Brasil / Fone: 51.3225.5777 – Fax: 51.3221.5380

Pedidos & Depto. comercial: vendas@lpm.com.br
Fale conosco: info@lpm.com.br
www.lpm.com.br

Impresso no Brasil
Outubro de 2012

Sumário

Capítulo 1: Discutindo com Platão 7

Capítulo 2: O nome de Platão e outras questões 18

Capítulo 3: Drama, ficção e o elusivo autor 32

Capítulo 4: Amor, sexo, gênero e filosofia 49

Capítulo 5: Virtude, em mim e na minha sociedade 59

Capítulo 6: Minha alma e eu 71

Capítulo 7: A natureza das coisas 84

Referências 99

Leituras complementares 102

Índice remissivo 103

Lista de ilustrações 108

Capítulo 1

Discutindo com Platão

O problema do júri

Imagine que você está participando de um júri, ouvindo Fulano descrever como foi agredido e roubado. Os detalhes são impressionantes, o relato é coerente e você está completamente convencido: acredita que ele foi vítima de um crime violento. É uma crença verdadeira; Fulano foi, de fato, vítima de um ataque.

Você *sabe* que ele foi atacado? De início, pode parecer estranho se preocupar com isso. Que provas melhores se poderia ter? Mas você pode pensar que está, no fim das contas, num tribunal e que Fulano está relatando algo que seu suposto agressor depois tentará contestar. É possível ter certeza de que você está convencido porque Fulano está contando a verdade ou será que é a maneira de apresentar o caso que o está persuadindo? No caso dessa segunda hipótese, é justo preocupar-se, pois você poderia ser convencido mesmo que Fulano não estivesse contando a verdade. Além disso, ainda que ele esteja contando a verdade, as provas de que sofreu a agressão são mesmo inquestionáveis? Até onde você sabe, ele pode ser cúmplice de uma armação, e, é preciso admitir, você não estava presente para ver com seus próprios olhos. Então pode parecer muito natural concluir que você na verdade não *sabe* que Fulano foi agredido, embora tenha uma opinião verdadeira sobre o caso e nenhum motivo concreto para duvidar de sua veracidade.

O Teeteto

O *Teeteto* é um dos diálogos mais cativantes de Platão, mas também um dos mais obscuros. Nele, Sócrates diz ser um parteiro, como sua mãe: ele extrai as ideias das pessoas para então as testar, verificar se sobrevivem a um exame racional. Recusando-se a apresentar sua própria definição de conhecimento (embora demonstrando uma sofisticada compreensão da obra de outros filósofos), ele aponta os defeitos em todas as definições de conhecimento propostas pelo jovem Teeteto. Seguindo a ideia de que alguém que *conhece* alguma coisa não pode estar errado, Teeteto sugere primeiro que conhecer talvez seja equivalente a perceber; depois, a ter uma opinião verdadeira; e, por fim, a ter uma opinião verdadeira e ser capaz de defendê-la ou dar a ela uma "explicação racional". Todas essas propostas fracassam, e o diálogo aprimora tão somente a consciência de nossa própria inaptidão para substanciar uma descrição do conhecimento. A insistência de Sócrates em somente argumentar contra as opiniões alheias, e não em favor de qualquer opinião própria, tornou esse diálogo muito importante para a tradição platônica, que interpretou o legado de Platão como a busca pela verdade por meio da inquirição daqueles que afirmam possuí-la (como Sócrates tantas vezes faz nos diálogos), e não por meio da formulação de quaisquer asserções filosóficas próprias. Outras pessoas, observando que em outros diálogos encontramos asserções ambiciosas e positivas sobre a natureza do conhecimento, interpretaram o *Teeteto* como uma eliminação somente das descrições do conhecimento que Platão considerava errôneas. Sócrates, aqui – o parteiro das ideias alheias sem "filhos" próprios –, parece muito diferente do Sócrates de outros diálogos, como a *República*, que com grande segurança propõe ideias positivas. Os leitores têm de chegar às suas próprias conclusões sobre essa questão (algumas soluções antigas e modernas são discutidas no capítulo 3).

No diálogo *Teeteto*, Platão propõe esta questão: "O que seria o conhecimento", pergunta o jovem Teeteto, "senão a opinião verdadeira? Afinal, quem tem uma opinião verdadeira não está cometendo erro algum". Mas Teeteto está conversando com Sócrates (mais sobre ele no capítulo 2), e, como de costume, o velho encontra um problema: persuadir as pessoas em público é algo que pode ser feito com habilidade. Ele se refere à habilidade daqueles que chamaríamos de advogados, embora esteja falando de um sistema em que não existe tal profissão. A própria vítima tinha de apresentar seu caso, embora muitas pessoas contratassem autores profissionais de discursos, principalmente porque tinham de convencer um júri não de doze, mas de 501 membros.

Como nos referimos às obras de Platão

Em 1578, o editor Henri Estienne, cujo sobrenome em forma latina é Stephanus, publicou a primeira edição impressa das obras de Platão, em Paris. A nova tecnologia permitiu que um número muito maior de pessoas tivesse acesso à obra do filósofo. E pela primeira vez foi possível referir-se com precisão a trechos dos diálogos, visto que os leitores usavam pela primeira vez a mesma paginação. Ainda hoje nos referimos aos números das páginas nas quais os trechos apareceram na edição de Stephanus (por exemplo, 200), acompanhados de uma das letras de "a" a "e", que serviam para dividir a página em cinco áreas de cima a baixo. A "numeração de Stephanus" encontra-se impressa nas margens da maioria dos textos e traduções de Platão, e uma referência como "200e" permite aos leitores encontrar uma determinada passagem, não importa qual seja a paginação do livro que estejam utilizando.

Sócrates continua:

> SÓCRATES: Não é com sua arte e seu ensino que eles convencem os outros, mas levando-os, por meio da sugestão, a admitir tudo o que eles querem. Você acredita mesmo que haja profissionais tão habilidosos a ponto de demonstrarem a verdade do fato para quem não foi testemunha ocular de alguma violência ou roubo de dinheiro no tempo exíguo em que a água corre na clepsidra?

TEETETO: De jeito nenhum posso acreditar nisso; o que eles fazem é persuadir.
SÓCRATES: E persuadir, no seu modo de pensar, não é levar alguém a admitir alguma opinião?
TEETETO: Sem dúvida.
SÓCRATES: Nesse caso, quando os juízes são persuadidos de maneira justa com relação a fatos presenciados por uma única testemunha e ninguém mais, julgam por ouvir dizer, após formarem opinião verdadeira; é um juízo sem conhecimento; porém, ficaram bem convencidos, pois sentenciaram com acerto.
TEETETO: Isso mesmo.
SÓCRATES: No entanto, amigo, se conhecimento e opinião verdadeira nos tribunais fossem a mesma coisa, nunca o melhor juiz julgaria sem conhecimento. Mas agora parece que são coisas diferentes.

(*Teeteto* 201a-c)

Isso soa convincente e, na verdade, talvez seja de uma obviedade ofuscante. Mas, como o júri, podemos perguntar se deveríamos nos deixar convencer. Por que o júri *não* sabe que Fulano foi roubado?

Quais são as condições do conhecimento?

Uma justificativa apresentada por Platão para a afirmação de que o júri não tem conhecimento é que eles foram persuadidos por alguém cujo objetivo principal é fazê-los acreditar no que ele quer que acreditem. No caso em questão, ele os persuadiu da verdade, mas podemos conceber que seria capaz de persuadi-los mesmo que o relato fosse inverídico. De início, tal preocupação pode parecer forçada: se você chegou a uma opinião verdadeira por um determinado meio, por que se preocupar com o fato de que *poderia ter sido* persuadido de algo inverídico pelo mesmo meio? Mas, na verdade, essa preocupação com o poder da persuasão procede, pois coloca em dúvida o caminho pelo qual se chega a uma opinião. Se é um caminho pelo qual posso chegar a opiniões falsas com a mesma facilidade com que chego às verdadeiras, então ele não pode me garantir somente opiniões verdadeiras. E isso cria uma dúvida na maioria das pessoas: uma opinião desenvolvida por tal caminho pode equivaler a conhecimento?

Outra justificativa proposta na passagem é que o tipo de fato do qual o júri foi persuadido – ou seja, que Fulano foi agredido – não é o tipo de fato do qual se pode ter conhecimento, a menos que a pessoa esteja presente e o testemunhe em primeira mão. Por mais certos que estejamos de que Fulano está dizendo a verdade, tudo o que estamos recebendo é uma versão indireta, comunicada por uma espécie de caminho inteiramente diferente do que o próprio Fulano percorreu. Ele sofreu e viu o roubo; nós estamos apenas ouvindo o que nos contam. Por mais vívido que seja o relato, não passa de um relato; somente alguém que estivesse lá e visse poderia ter conhecimento do fato. Mais uma vez isso pode parecer, de início, um tanto forçado. Se restringirmos o conhecimento àquilo de que podemos ter experiência direta e pessoal, então restará bem pouca coisa que possamos conhecer; nada do que lermos ou ouvirmos indiretamente contará. Porém, aqui está se recorrendo a uma ideia poderosa, que pode ser expressa através da afirmação de que absolutamente ninguém pode conhecer as coisas por você ou em seu lugar. Conhecer requer que se adquira a opinião pertinente por si mesmo. Adquirir uma opinião por si mesmo será diferente de acordo com o tipo de opinião de que se trata, mas, com relação à opinião de que Fulano foi roubado, o único modo de adquiri-la por si mesmo, sem mediadores, ao que parece, é estar presente e testemunhar o fato.

Um problema para nós

Platão nos forneceu dois tipos de justificativa para rejeitar a ideia de que a opinião verdadeira do júri poderia ser igual a conhecimento. Ambos são contundentes, mas o que dizer deles em conjunto? O problema da persuasão era que ela se revela um caminho incapaz de garantir que as opiniões que obtemos de outras pessoas sejam verdadeiras. Mas, para que isso seja um problema com relação à *persuasão*, deve haver um caminho desse tipo que forneça de fato tal garantia. Sócrates reclama que a vítima tem de convencer o júri num intervalo de tempo demasiadamente curto e em circunstâncias por demais carregadas de emoção e ansiedade para que a obtenção de opiniões gere conhecimento. Essa queixa é inútil, a menos que possa haver um modo de obter opiniões que não apresente tais desvantagens – digamos, em que não houvesse limitação de tempo e cada membro do júri pudesse inquirir testemunhas e vítimas o quanto quisesse, para que nem mesmo a mais insignificante das dúvidas ficasse sem resposta. Parece, portanto, que estamos presumindo a existência de um modo de comunicar opiniões que poderia equivaler a conhecimento, embora não seja a persuasão.

O segundo argumento, contudo, sugere que *nenhum* modo de comunicar opiniões, por mais cuidadoso e meticuloso que fosse, poderia resultar em conhecimento, visto que qualquer opinião comunicada por outro será indireta e, portanto, algo que não se tem como conhecer, pois não se pode conhecer por si mesmo. Confiar no testemunho de alguém, por mais razoável que seja, nunca é o mesmo que ter experiência direta do fato.

O problema agora é que a segunda objeção parece conflitar com a primeira. A segunda julga que o conhecimento não pode ser comunicado e deve ser adquirido por cada pessoa em cada caso específico; mas a primeira critica a persuasão de uma maneira que sugere que *pode* haver um modo de obter uma opinião de outra pessoa que resulte em conhecimento, portanto o conhecimento *é* comunicável.

Entra o leitor

Nesse ponto, o leitor é forçado a pensar por si mesmo sobre a passagem e sobre o que Platão está fazendo. A conclusão mais simples seria que Platão fez Sócrates estipular condições conflitantes para que algo seja classificado como conhecimento porque o próprio Platão estava confuso;

Figura 1. Busto de Platão.

ele simplesmente não percebeu que estava exigindo que o conhecimento fosse tanto comunicável quanto incomunicável. Leitores impacientes podem parar nesse ponto.

Podemos, contudo, sondar um pouco mais fundo. Para começo de conversa, nesse diálogo Sócrates enfatiza reiteradamente que não está propondo qualquer opinião sua, mas apenas argumentando contra as opiniões alheias. Ele formula duas objeções à sugestão de Teeteto de que a opinião verdadeira possa equivaler a conhecimento. Cada uma delas é poderosa contra tal sugestão. Seremos obrigados a supor que Platão, o autor, ignorava que essas objeções se contradiziam? Não necessariamente (e, se não temos de supor que o autor ignorava isso, da mesma forma não temos de supor que ele pretendesse retratar um Sócrates que não soubesse de tal problema – embora essa seja uma outra questão, sobre a qual os leitores talvez discordem). E, dada a sofisticação argumentativa do *Teeteto*, o mais razoável a fazer é supor que Platão estava consciente da relação entre as duas objeções.

Por que, então, Platão não parece achar que isso tenha importância? Aqui temos de levar a sério a ênfase de Sócrates sobre estar somente argumentando contra as opiniões dos outros. Isso não quer dizer que ele não tenha ideias próprias sobre o assunto, mas significa que o objetivo do diálogo não é propor tais ideias. O problema com que nos deparamos ao refletir sobre as duas justificativas de Sócrates para rejeitar a sugestão de Teeteto não prejudica a conclusão de que a sugestão não se sustenta; elas mostram, na verdade, que quando nós, ou Platão, trabalhamos em uma descrição positiva do conhecimento, é necessário ter consciência desse problema.

Noutro diálogo, o *Mênon*, encontramos a afirmação de que o conhecimento é ensinável (87b-c), e nele essa é uma ideia firmemente aceita. Mas é também no *Mênon* que encontramos uma das ideias mais famosas de Platão, segundo a qual o conhecimento é na verdade uma espécie de "reminiscência". Sócrates conversa com um menino que nada conhece de geometria, guiando-o por uma prova geométrica que, embora seja fácil de acompanhar, contém uma etapa que o menino achará contraintuitiva. Tendo o guiado pela prova, Sócrates diz (85c) que o menino agora se encontra no estado de possuir opiniões verdadeiras sobre o assunto, mas, "se alguém lhe propuser essas mesmas questões frequentemente e de diversas maneiras, você bem sabe que ele acabará por ter ciência sobre essas coisas não menos exatamente que qualquer outra pessoa". Sócrates ensinou no sentido de apresentar a prova de tal maneira que o menino pudesse chegar a ter um conhecimento dela por si mesmo. O menino não terá de fato conhecimento antes que percorra o caminho com os próprios passos – antes que faça o esforço de entender a prova. Deve obter o conhecimento da prova por si mesmo, pois ele somente pode entendê-la por si mesmo. Sócrates não pode fazer isso. Mas Sócrates pode transmitir conhecimento na medida em que pode comunicar a prova ao menino de uma maneira que o capacitará a fazer o esforço sozinho. Portanto, podemos ver como o conhecimento pode ser ensinável, embora continue sendo verdade que é algo que cada pessoa só pode obter individualmente. Dando um passo além, Platão chama isso de reminiscência, pois, quando o menino entende a prova, Platão afirma que sua alma recordou-se de um conhecimento que possuía antes de encarnar, portanto anterior à experiência concreta. Está claro, contudo, que o passo além – a afirmação sobre a reminiscência – não é uma consequência necessária do argumento; é a maneira ousada e estimulante de Platão interpretar os resultados do argumento.

Discutindo com Platão

De diversas maneiras, a passagem sobre o júri no *Teeteto* fornece uma boa introdução ao estilo de escrita de Platão. Descobrimos logo de início que é importante prestar atenção em como Platão escreve, em especial ao papel da argumentação no embasamento das opiniões próprias ou no ataque às opiniões alheias. Descobrimos também que o próprio leitor é trazido para dentro da discussão, tendo que desafiar os argumentos de Platão mesmo onde Sócrates, no diálogo, obtém uma vitória fácil.

A breve menção que fiz à discussão do *Mênon* nos introduz a outra característica do estilo platônico. No *Teeteto*, Platão faz uso da ideia de que o conhecimento é transmissível, e também de que o conhecimento requer a experiência direta. Se procuramos explorar tais ideias, aplicando-as a um exemplo da vida cotidiana, como o do julgamento do júri sobre o crime, nos deparamos com problemas. No *Mênon* vemos ambas ideias em um contexto em que não conflitam uma com a outra. Mas o contexto aqui é uma prova geométrica – um exemplo de conhecimento muito diferente do julgamento. Uma prova geométrica é algo articulado, abstrato e muito distante da experiência concreta. Há algo substancial a compreender e também a transmitir. Não é por acaso que Platão, quando lida com o conceito de conhecimento, tende a concluir que o que satisfaz seus critérios para que algo seja considerado conhecimento é muito mais restrito do que a gama de coisas que normalmente presumimos conhecer. Se refletimos sobre as diferenças entre o exemplo do júri e uma prova geométrica, podemos ver por que ele tende a fazer isso. Por exemplo, a noção de intelecção é menos importante quando se lida com um caso da vida cotidiana em que o conhecimento equivale simplesmente a testemunhar diretamente o crime.

Platão talvez seja mais famoso pelo que é muitas vezes chamado de "Teoria das Formas", um conjunto de afirmações impressionantes sobre o que é real e o que podemos conhecer. As Formas, que examinaremos mais a fundo depois, não aparecem no *Mênon* ou no *Teeteto*, mas podemos detectar nessas obras linhas de raciocínio que tornarão as afirmações de Platão sobre elas, quando as encontrarmos, mais compreensíveis.

Platão escreve de uma maneira que nos chama para a discussão. Propõe também afirmações filosóficas que raras vezes foram igualadas em sua ousadia e no estilo imaginativo em que são expressas. (A ideia de que o conhecimento é "reminiscência" é, entre essas, uma das mais famosas.) As interpretações da obra de Platão tendem a colocar ênfase exagerada em um desses aspectos à custa de outro. Algumas vezes ele foi lido como se seu único interesse fosse aliciar o leitor e mantivesse distância de quaisquer ideias positivas. Em outras, como um teórico ousado marchando dogmaticamente em frente, indiferente à argumentação. O que é difícil e também gratificante ter em mente quando se trata de Platão é que ele tem um forte interesse tanto pela argumentação quanto por ideias ousadas, de uma forma sutil e difícil de descrever sem cair em simplificações injustas. Esta introdução a Platão não pretende abordar todas as suas ideias e tampouco fornecer uma receita de como interpretá-lo: tem por objetivo introduzir o leitor a uma relação com Platão de uma maneira que o levará, assim espero, a persistir.

Capítulo 2

O nome de Platão e outras questões

Nome ou apelido?

O nome de Platão era, provavelmente, Platão. Esse "provavelmente" pode parecer estranho: como poderia haver alguma dúvida? Os escritos de Platão chegaram até nós, com certeza, sob esse nome. Mas na tradição biográfica antiga existe uma tradição menor, surpreendentemente forte, segundo a qual "Platão" era somente um apelido do filósofo Arístocles. Isso é verossímil; o avô paterno de Platão chamava-se Arístocles, e era prática comum dar ao filho mais velho o nome do avô paterno. Não temos, contudo, nenhuma prova independente de que Platão fosse o filho mais velho. E "Platão" não parece ser um apelido; é um nome que aparece com frequência nesse período. Ademais, as explicações a respeito de ser um apelido não convencem. Visto que "Platão" se parece com *platus*, "largo" ou "amplo", encontramos a sugestão de que Platão fora um lutador conhecido por seus ombros largos ou um escritor conhecido pela ampla gama de estilos. Está claro que isso não passa de suposição, e seria sensato não concluir que Platão tenha mudado o próprio nome ou que este tenha sido substituído por outras pessoas. Mas então como interpretar as histórias que mencionam o nome "Arístocles"? Não sabemos, e não há como descobrir. E isso é frustrante. Uma mudança de nome é um fato importante sobre uma pessoa, mas esse "fato" escapa como areia por nossos dedos.

As fontes antigas sobre Platão muitas vezes nos colocam nessa posição. Há uma abundância de histórias nas biografias antigas do filósofo, e com frequência elas nos dariam, se nelas pudéssemos confiar, informações interessantes sobre Platão, o indivíduo. Mas elas quase sempre se desmancham ao primeiro toque.

Fatos e factoides

Platão nasceu em Atenas em 427 a.C. e morreu em 347. Há uma quantidade razoável de informações sobre sua família.

A família de Platão

Tanto o pai de Platão, Aríston, quanto a mãe, Perictione, eram descendentes de antigas famílias atenienses. Platão, no *Crítias*, dá destaque ao fato de sua família descender do estadista Sólon, do século VI a.C., que promoveu reformas que puseram Atenas no caminho da democracia que viria depois. Platão tinha dois irmãos, Gláucon e Adeimantus, aos quais ele dá papéis na *República*. Após a morte de Aríston, Perictione casou-se com Pirilampes, que já era pai de um filho chamado Demos (mencionado no *Górgias*). Com Pirilampes, Perictione teve um filho de nome Antífon, meio-irmão de Platão, que chegou a dedicar-se à filosofia, mas logo perdeu o interesse; a ele cabe o papel de narrar todo o diálogo do *Parmênides*. Pirilampes tinha fortes afinidades com a democracia (*demos* é a palavra grega para "o povo"). Após a derrota final de Atenas na prolongada Guerra do Peloponeso, no ano 404 a.C., os que não desejavam a democracia deram um golpe e estabeleceram um governo de trinta (conhecido como os Trinta Tiranos). O irmão de Perictione, Crítias, e o primo, Cármides (ambos recebem papéis no *Cármides*), estavam entre eles. Platão, portanto, veio de uma família dividida pela guerra civil. Não conhecemos suas opiniões políticas, embora isso não tenha impedido as muitas especulações que se fizeram sobre elas. É plausível que ele tenha se indisposto com a democracia restaurada após a execução de Sócrates.

Platão desde cedo foi considerado uma personalidade de destaque como filósofo e escritor, alguém em torno do qual circulavam muitas histórias. Contudo, só depois de passadas muitas gerações é que encontramos o que chamaríamos hoje de biografias, supostamente fornecendo relatos sobre o indivíduo Platão; na época do próprio Platão esse tipo de interesse ainda não se desenvolvera. Quando começaram a surgir os escritos de caráter biográfico, era possível recuperar pouquíssimos fatos confiáveis sobre Platão, mas começou-se a querer conhecer mais sobre a pessoa por trás dos diálogos (interesse que ainda persiste). Há narrativas da vida de Platão nas quais se recorre a fatos vividos por ele para explicar por que uma passagem em um dos diálogos diz o que diz, particularmente quando não há nenhuma outra explicação óbvia. Encontramos, por exemplo, a alegação de que Platão peregrinou até o Egito em busca de sabedoria. Não há nada de implausível nisso. Por outro lado, é algo que se afirma sobre muitos filósofos antigos, especialmente os da Antiguidade tardia, com a difusão da ideia de que a sabedoria grega teve origem em países orientais mais antigos. Uma passagem no diálogo *Leis* talvez indique que Platão de fato viu a arte estilizada egípcia, que ele prefere às inovações da arte grega, mas ela não nos obriga a aceitar tal conclusão. Simplesmente não sabemos se o que temos é um fato que esclarece aquele trecho de *Leis* ou um factoide criado posteriormente com base no mesmo trecho.

Isso é de grande importância, especialmente porque não temos acesso independente à personalidade individual de Platão, ao contrário do que acontece com filósofos mais recentes. Nos diálogos, Platão jamais fala com a própria voz. Seja como for que lidemos com isso, não podemos contornar esse fato recorrendo à vida dele; nossas opiniões sobre a vida de Platão são inevitavelmente contaminadas pelos diálogos.

Platão e as artes grega e egípcia

O ateniense em *Leis*, orador principal do diálogo, afirma que os gregos têm muito a aprender com os egípcios, com a maneira que eles codificavam os estilos artísticos e lhes obedeciam, em oposição à impaciente ânsia por originalidade e novos estilos que distinguia a arte grega da época.

> O ATENIENSE: Parece-me que há muito tempo aprenderam esta regra de que estamos falando agora, a saber, que os jovens de um Estado devem praticar em seus ensaios boas posturas e boas melodias. Estas foram por eles prescritas minuciosamente e expostas nos templos, sendo interdito (assim foi e ainda é) aos pintores e a todos os demais criadores de posturas e representações introduzir nessa lista oficial qualquer inovação ou concepção nova, seja em tais produções, seja em qualquer outro ramo da música, que afete de uma maneira ou outra as formas tradicionais. Se você observar, verá que as coisas pintadas ou esculpidas lá há 10 mil anos (e quando digo 10 mil anos não se trata de força de expressão, mas de literalidade) não são nem melhores nem piores que as produções de hoje, mas sim confeccionadas com a mesma técnica.
> CLÍNIAS: É admirável!
> O ATENIENSE: Digo ainda mais, que é digno no mais alto grau de um homem de Estado e de um legislador.
> (*Leis* 656d-657a)

Parte disso indica que Platão viu a arte egípcia; outra parte, que não. Isso não importa para o argumento: a estilização predeterminada na arte é preferível a uma tradição que se desenvolve dando primazia à originalidade.

Figura 2. Exemplo de arte egípcia. Estela do escultor Userwer, 12ª dinastia.

Figura 3. Exemplo de arte grega. Estela de Dexileo, século IV a.C.

Diferentes interpretações

Duas interpretações muito divergentes são praticamente contemporâneas ao próprio Platão. Seu sobrinho Espeusipo, que o sucedeu no comando da escola filosófica por ele fundada, afirmava que o verdadeiro pai de Platão não fora Aríston, mas o deus Apolo. Toda uma tradição cresceu em torno disso: Platão nasceu no aniversário de Apolo; abelhas sentaram-se nos lábios da criança; seu mestre Sócrates sonhou com um cisne, a ave de Apolo, pouco antes de conhecer Platão. Pensar em Platão como semidivino, estranho entre os homens, não é tão chocante em um mundo no qual as grandes famílias afirmavam descender dos deuses. Isso corrobora a ideia, defendida posteriormente, que afirmava ser Platão um gênio, alguém totalmente fora do comum, com talentos que transcendiam as circunstâncias históricas de seu nascimento e criação. Uma tradição semelhante cresceu, também, em torno de Pitágoras. Platão é visto como uma figura mais que humana em virtude da profundidade de seu pensamento e do esplendor de seus conceitos filosóficos. Segundo essa maneira de encará-lo, o que mais importa são as grandes afirmações, e não os argumentos e a ideia da busca pela verdade. Na Antiguidade tardia, particularmente, Platão foi visto como uma espécie de figura imponente, um sábio super-humano. Não é muito difícil encontrar, nos escritos de Platão, passagens capazes de inspirar esse tipo de interpretação (especialmente no *Timeu*).

Há outra interpretação, distinta, provavelmente contemporânea a do "filho de Apolo", encontrada na suposta "sétima carta". Entre o conjunto de obras de Platão que chegou até nós, estão treze supostas cartas escritas por ele a destinatários diversos. A maioria data de muito depois de Platão, mas duas, a sétima e a oitava, não contêm nenhum anacronismo definitivo. A "sétima carta" contém o que se supõe ser um relato autobiográfico de Platão sobre sua desilusão com a política na juventude e suas tentativas, durante misteriosas visitas à cidade siciliana de Siracusa, de persuadir o tirano Dionísio II a submeter-se à lei constitucional. Autêntica ou não, a carta foi aceita por muitos no mundo antigo como um texto esclarecedor sobre a postura altamente idealista de Platão no que toca à filosofia política. Nos dois últimos séculos, essa carta constituiu a base para uma opinião mais sólida, segundo a qual o ímpeto original de Platão em direção à filosofia fora essencialmente político; mas essa alegação é obscurecida pelos persistentes problemas levantados quanto à autenticidade da carta. É um erro, de qualquer forma, interpretá-la como uma descrição reveladora da psicologia de uma experiência individual; é um exercício de retórica em defesa de Platão e do adversário de Dionísio, Díon, parte de um debate do qual só conhecemos um lado.

Podemos ver facilmente por que a interpretação "política" pareceu mais verossímil e atraente aos estudiosos modernos do que a interpretação do "filho de Apolo" e por que a primeira delas é a dominante há muitos anos. É mais condizente com nossa maneira de pensar ver a filosofia de Platão como tendo motivação política do que vê-la como a obra de um gênio transcendente (para não falar de um deus!). Devemos ter cautela, porém, antes de afirmar que a "sétima carta" nos mostra o que estava por trás dos diálogos e revela o "verdadeiro" Platão, fazendo crer que seu próprio sobrinho estava errado. As maneiras de interpretar Platão são muito polêmicas. Eram polêmicas provavelmente antes mesmo que ele morresse.

Sócrates e a Academia

É verdade que temos dois pontos de apoio relativamente firmes em nossa investigação sobre Platão. Um é a grande influência que sobre ele exerceu o ateniense Sócrates, e o outro é o fato de ter fundado a Academia, a primeira escola filosófica.

Sócrates se via como um buscador da verdade. Ele a procurava, contudo, de uma maneira radicalmente nova. Recusando-se a criar teorias ambiciosas sobre o mundo e a escrever tratados filosóficos – recusando-se, de fato, a escrever qualquer coisa de filosofia –, ele buscou a verdade dialogando com indivíduos e insistindo com eles sobre a importância de compreender aquilo de que falavam. Platão obviamente ficou impressionado com a insistência de Sócrates em afirmar que as tarefas mais grandiosas da filosofia terão de esperar até que alcancemos a compreensão daquilo que consideramos, acriticamente, ser a coragem, a justiça e outras virtudes, a ideia de viver uma boa vida, nossas pretensões de conhecimento. Sócrates identificava a vida filosófica como uma vida constituída de questionamentos e investigações contínuos sobre as opiniões próprias e dos outros. Platão ficou profundamente impressionado com a insistência de Sócrates em privilegiar a investigação em detrimento da doutrina e em colocar a busca pela compreensão antes das afirmações ambiciosas. Sócrates também encarava a vida filosófica como algo que devia ser vivido a sério, e preferiu morrer a abrir mão de seus valores para preservar a própria vida. O maior indício do respeito que Platão nutria por Sócrates é o fato de que, na maior parte dos diálogos que escreveu, Sócrates é o personagem principal, e há apenas um diálogo (*Leis*) do qual está completamente ausente. Em vez de escrever como ele mesmo, Platão prefere sempre apresentar Sócrates como a figura do filósofo em busca da verdade.

Sócrates

Sócrates (aproximadamente 468-399 a.C.) era filho de um canteiro e de uma parteira. Sua esposa, Xantipa, tem um nome aristocrático, e em alguma época da vida ele teve dinheiro suficiente para servir como soldado de armamento pesado, mas morreu pobre. Platão faz Sócrates, em sua *Apologia* (*Defesa*), atribuir isso à sua dedicação à filosofia, ao desleixo com seus próprios assuntos. Teve três filhos; uma tradição posterior lhe atribui uma segunda esposa, Mirto.

Sócrates foi julgado e executado sob o regime da democracia restaurada, em 399. Muitas vezes suspeitou-se que sua impopularidade se devesse às relações que mantinha com pessoas que haviam derrubado a democracia, mas não é possível reconstituir as circunstâncias do caso. Ele foi considerado culpado de acusações vagas de introduzir novas divindades e corromper a juventude. A primeira acusação provavelmente dizia respeito ao "sinal divino" (*daimonion*) de Sócrates, que às vezes o dissuadia de fazer isso ou aquilo.

Sócrates rapidamente tornou-se a figura simbólica do filósofo, a pessoa que devota a vida à investigação filosófica e se dispõe a morrer por ela. Ele tornou-se uma autoridade simbólica para muitas escolas diferentes de filosofia; cada uma conseguia remontar suas próprias ideias ou métodos a Sócrates, que não deixou escritos. Foi uma pessoa polêmica, inspirando tanto devoção quanto antipatia. O dramaturgo cômico Aristófanes escreveu uma peça indelicada, chamada *As nuvens*, sobre ele. Sócrates também foi alvo de críticas depois de morto. Muitos de seus companheiros compuseram "escritos socráticos" para defender a memória do mestre. Temos alguns fragmentos do que escreveram seus discípulos Ésquines e Antístenes, que, em conjunto com outro discípulo, Aristipo, acabaram por desenvolver tipos muito diferentes de filosofia. Nossas fontes principais, contudo, são Platão e Xenofonte. Controvérsias sobre qual foi o autor do retrato "mais fiel" de Sócrates são inúteis; Sócrates foi desde o início uma figura na qual posições muito diferentes podiam ser projetadas, e a melhor maneira de interpretar as diferenças entre o Sócrates de Xenofonte e o de Platão é atribuí-las às diferenças entre Xenofonte e Platão.

Nos diálogos de Platão, o próprio Platão nunca figura como personagem, e Sócrates é normalmente o protagonista, num diálogo que é às vezes direto e em outras ocasiões narrado por outros ou pelo próprio Sócrates. O Sócrates de Platão muda consideravelmente entre os diferentes diálogos. Às vezes é um questionador persistente das opiniões alheias; em outras expõe suas próprias opiniões longamente e com confiança; em outras, ainda, é somente um espectador. Platão sempre se inspirou em Sócrates como figura ideal do filósofo, mas suas concepções de quais deveriam ser as tarefas e os métodos da filosofia não são constantes, então Sócrates aparece em diversos papéis. Nos diálogos em que Sócrates é coadjuvante, a concepção platônica do filósofo vai além do que ele considera que Sócrates pode representar de maneira

Figura 4. Busto de Sócrates.

> plausível. E onde Sócrates é o protagonista é mais sensato supor que Platão está desenvolvendo diferentes aspectos do que Sócrates representa para ele, Platão, do que perguntar o quanto o Sócrates fictício se assemelha ao (ou difere do) "verdadeiro".

Em algum momento de sua vida, que não temos como saber exatamente quando se deu, Platão tomou duas decisões de grande importância. Rejeitou a família e também o dever cívico de se casar e gerar herdeiros. (Os leitores modernos não se surpreendem ao saber que Platão não se casou, pois seus escritos parecem de temperamento obviamente homossexual. Mas na Atenas antiga o casamento era um dever que visava à continuidade da família e da cidade e não tinha relação com a sexualidade dos indivíduos. Não se casando, Platão estava abrindo mão de ter descendentes próprios, uma grande privação em sua sociedade.) E fundou a primeira escola de filosofia, chamada Academia, nome inspirado pelo ginásio onde se realizavam os encontros.

Sabemos muito pouco sobre a organização da Academia, e acadêmicos de todas as gerações sentiram a tentação de ver nela parte da estrutura de seu próprio sistema universitário. Aristóteles lá esteve por vinte anos, e, quando ouvimos que ele foi professor, ficamos tentados a pensar nele como um destacado aluno de pós-graduação ou professor assistente; mas é preciso lembrar que a Academia sempre foi um ginásio público e é improvável que a escola de Platão compartilhasse de muitas das características institucionais das universidades modernas. Platão não cobrava dinheiro dos alunos, mas somente os que eram abastados o suficiente para dedicar tempo à filosofia eram capazes de a frequentar por longos períodos. Temos notícia de uma aula pública dada por Platão, sobre "O Bem", que foi um fiasco, porque as pessoas compareceram esperando ouvir sobre a boa vida, e Platão falou sobre matemática. Há uma paródia dos estudantes da Academia tentando definir um vegetal. De resto, a imagem que temos da Academia é a de um centro de discussões, sem nenhum indício de que os estudantes a frequentassem para aprender doutrinas platônicas. De fato, talvez "estudantes" seja uma designação incorreta; o primeiro centro de educação superior apareceu em um mundo sem diplomas, notas, credenciais ou cargos de professor.

É fácil ver a fundação de uma escola filosófica como algo incoerente com a devoção de Platão à memória de Sócrates. Este último, afinal, rejeitava tudo em filosofia que pudesse ser visto como acadêmico. Porém, a busca de Sócrates pela verdade por meio do questionamento, como retratada por Platão, não exclui, como veremos, a possibilidade de se ter opiniões positivas próprias. E a Academia não era um lugar onde quem entrasse era obrigado a concordar com Platão. Não só seu maior pupilo, Aristóteles, como também os dois líderes seguintes da Academia discordavam fundamentalmente de algumas ideias de Platão. Desse modo, a Academia pode ser vista como uma escola onde se aprendia a pensar filosoficamente, e, portanto, relacionada à tradição socrática.

Num aspecto, contudo, é possível dizer que Platão distanciou-se definitivamente de Sócrates, que perdeu interesse pelas teorias de sua época sobre a natureza do mundo e concentrou-se nas questões de como viver. No mundo antigo, Platão foi considerado o primeiro filósofo sistemático, o primeiro a ver a filosofia como uma abordagem diferenciada daqueles assuntos que mais tarde seriam chamados de lógica, física e ética. Se observamos os diálogos como um todo, podemos de fato perceber um conjunto grande e sistemático de interesses – sistemático por ser um conjunto estável de interesses, embora não um conjunto de dogmas organizados. Tanto na Antiguidade quanto posteriormente, alguns deram o passo adicional de sistematizar as ideias de Platão na forma de um conjunto de doutrinas, geralmente chamado de "platonismo", mas isso jamais foi feito pelo próprio Platão. Ele nos deixa com os diálogos, e temos de fazer por nós mesmos o trabalho de descobrir e organizar o que ele pensava.

Platão é o primeiro pensador a demarcar a filosofia como campo e método independentes, distinta de outras abordagens como a retórica e a poesia. Alguns dizem que ele foi o inventor da filosofia devido à sua insistente diferenciação entre a filosofia e outras formas de pensamento, e Platão parece ter sido o primeiro a usar a palavra *philosophia*, "amor à sabedoria", para exprimir o que tinha em mente. Ele é certamente o inventor da filosofia como campo, como uma maneira característica de pensar sobre – e interagir com – um amplo leque de assuntos e problemas. A filosofia, nessa acepção, é ainda hoje ensinada e aprendida nas escolas e universidades.

Capítulo 3

Drama, ficção e o elusivo autor

Teoria e prática

Platão muitas vezes se esforça para deixar claro que a filosofia é a busca pela verdade por meio dos métodos argumentativos. Em diversas ocasiões, propõe diferentes candidatos para ser o melhor método filosófico, que frequentemente chama de "dialética", mas nunca abre mão da ideia de que a filosofia tem um objetivo diferente (e mais elevado) e um método mais austero do que aquelas que considera suas principais adversárias culturais. Sempre houve hostilidade na relação, ele afirma ao final da *República*, entre a filosofia e a poesia (referindo-se à encenação pública de poesias dramáticas e épicas, e não à leitura individual de poemas curtos). E no *Górgias* e no *Fedro* Platão define, de diferentes maneiras, uma forte oposição entre a filosofia e a prática da retórica. A filosofia tem por objetivo somente a verdade, e não a mera persuasão indiferente à verdade, sendo esse um empreendimento questionável tanto nas suas intenções quanto em seus métodos. (Lembre-se do problema do júri no capítulo 1.) Talvez Platão não esteja tanto argumentando a partir de distinções previamente reconhecidas entre a filosofia e outros tipos de atividade intelectual quanto definindo-as, com sua introdução da ideia de que a filosofia tem objetivos e métodos próprios, de que constitui um campo independente e diferenciado que devemos distinguir das outras maneiras de pensar. De qualquer modo, poucos filósofos enfatizaram tanto quanto Platão a necessidade de distinguir claramente os métodos da filosofia dos métodos que granjeiam a concordância alheia por meios persuasivos e não rigorosos.

Ainda assim, Platão é o filósofo mais "literário", o filósofo mais acessível aos não especialistas, dada a legibilidade e o charme (de ao menos alguns) de seus escritos. Algumas de suas obras são famosas tanto pelos aspectos literários quanto pelos filosóficos. Mesmo as menos vívidas contêm metáforas, trechos cômicos e outras características que prendem a atenção do leitor.

Uma das características mais impressionantes em suas obras, além disso, é que todas foram escritas na forma dramática – diálogos entre duas ou mais pessoas ou monólogos, às vezes relatando diálogos acontecidos entre outras pessoas. Muitos desses escritos dão vida a vários oradores, guiam a discussão e mantêm o leitor absorto com grande destreza. Nada poderia parecer mais distante da escrita especializada, muitas vezes técnica e acadêmica, adotada pela maioria dos filósofos. Além disso, tais artifícios "literários" parecem obviamente passíveis das objeções que Platão levanta contra os traficantes da mera persuasão: eles atraem o leitor às conclusões; não se fiam somente na simples força intelectual da argumentação. Como um escritor tão literário pode ser contra a literatura? Isso não seria ir contra o que ele mesmo estava fazendo?

"Ironia" socrática

Sócrates está falando com Hípias de Élis, um "sofista" itinerante que trabalha como "sábio" profissional, cobrando dinheiro por lições de retórica particular e pública, e também tratando pessoalmente de assuntos públicos. Como, pergunta Sócrates, Hípias explicaria o fato de os sábios de antigamente não terem sido figuras públicas abastadas?

> Hípias: O que você imagina, Sócrates, que possa ter sido a razão, senão a incapacidade para abarcar com a inteligência, a um só tempo, assuntos particulares e públicos?
> Sócrates: Dessa forma, por Zeus, teremos de admitir que, assim como as outras artes se aperfeiçoaram, a ponto de fazerem figura feia os artesãos antigos em comparação com os de agora, também a sua arte particular, a dos sofistas, progrediu, e que os antigos, em confronto com você, são principiantes em matéria de sabedoria?

Hípias: É assim mesmo como você disse.
Sócrates: [...] Dos antigos, pelo contrário, nenhum se atreveu a exigir pagamento por suas lições nem a ostentar conhecimentos diante de uma multidão heterogênea. Eram tão ingênuos a ponto de ignorar o valor do dinheiro. Aqueles dois [Górgias e Pródico], no entanto, isoladamente ganharam mais com sua sabedoria do que qualquer artífice em sua profissão, o mesmo acontecendo antes deles com Protágoras.
Hípias: Como vejo, Sócrates, desconhece o lado belo de nossa profissão. Se soubesse quanto dinheiro já ganhei, ficaria admirado. [...] Creio que sozinho já ganhei mais do que dois outros sofistas juntos, à sua escolha.
Sócrates: É admirável o que me conta, Hípias, e a melhor prova de que sua sabedoria e a dos homens do nosso tempo ultrapassam a dos antigos.

(*Hípias maior* 281d-283b)

Hípias acha que Sócrates o está elogiando. O leitor, contudo, vê claramente que Sócrates despreza o uso do intelecto para fins financeiros, em vez da dedicação à busca pela verdade, e portanto tem o mais completo desdém por Hípias. Sócrates é muitas vezes irônico dessa forma, operando no nível de seu interlocutor de tal maneira que o leitor percebe que não partilha dele. Isso nem sempre é uma qualidade atraente, mas é responsável por muitas passagens brilhantes e cômicas dos escritos de Platão.

As obras de Platão

Podemos ter uma certeza razoável – coisa pouco comum quando se trata de filósofos antigos – de que temos acesso a todas as obras "publicadas" de Platão, incluindo um fragmento inacabado (*Crítias*) e algumas obras curtas que, apesar de terem sido atribuídas a Platão após sua morte, têm estilo e vocabulário anacrônicos (estas são marcadas com um *). As obras sobre as quais há menos consenso, mas que podem ser de Platão, são marcadas por um +.

Não temos indicações externas da ordem em que os diálogos foram escritos (exceto *Leis*, que parece ter restado inacabado quando de sua morte). No mundo antigo não havia uma ordem preferida, quer para o ensino dos diálogos, quer para considerá-los como uma apresentação da "filosofia de Platão"; muito se dependia dos interesses do leitor, de sua aptidão e nível de sofisticação filosófica.

A ordem dos diálogos abaixo foi definida por Trásilo, um filósofo platônico que também foi o astrólogo da corte do imperador Tibério. Trásilo dispõe os diálogos em grupos de quatro por motivos que nem sempre são claros. Sua ordenação foi usada por muitas edições dos textos de Platão, assim como pela tradução publicada pela editora Hackett das obras completas.

Eutífron, Apologia de Sócrates, Críton, Fédon, Crátilo, Teeteto, Sofista, Político, Parmênides, Filebo, Banquete, Fedro, Alcibíades, Segundo Alcibíades*, Hiparco, Amantes rivais +, Teages +, Cármides, Laques, Lísis, Eutidemo, Protágoras, Górgias, Mênon, Hípias maior, Hípias menor, Íon, Menexeno, Clítofon, República, Timeu, Crítias, Minos*, Leis, Epínomis*, Cartas +, Definições*, Da justiça*, Da virtude*, Demódoco*, Sísifo*, Hálcion*, Erixias*, Axíoco*, Epigramas +.

Distanciamento e autoridade

Podemos responder a essa pergunta com a ideia de que Platão está, de fato, indo contra sua própria atividade filosófica, sistematicamente denunciando a forma que ele mesmo utiliza. Podemos pensar que ele o faz de maneira ingênua, sem perceber que usa técnicas da persuasão para denegrir a persuasão, ou então tendo em mente uma sofisticada teoria para subverter as expectativas do leitor. Mas há uma explicação mais simples e menos radical, que se enquadra muito melhor no conteúdo dos pontos de vista de Platão sobre o conhecimento.

Ao apresentar suas obras em forma de diálogo (direto ou relatado), Platão está se distanciando, como possuidor de pontos de vista filosóficos, dos pontos de vista dos personagens. O autor está obviamente presente em todos os personagens do diálogo, visto que é Platão quem escreve. Ao leitor é apresentado o desenvolvimento de um debate entre duas ou mais pessoas e, portanto, de um argumento, mas cabe então a ele fazer o que puder com o que lê; não lhe são apresentadas conclusões a serem aceitas porque trazem o selo de aprovação do autor.

Esse fato foi ignorado algumas vezes por intérpretes que abstraem as ideias de Platão da forma do diálogo e lidam com elas como se fossem escritas em forma de tratado. Também foi algumas vezes exagerado por intérpretes que se recusavam a partir dos diálogos para atribuir quaisquer ideias positivas a Platão. Então é bom examinar primeiramente o que *não* se segue do reconhecimento do fato de que Platão se distancia dos pontos de vista dos personagens em todas as obras ao dar-lhes forma dramática.

Não se segue disso que Platão se distancie do mesmo modo que o autor de uma peça de teatro propriamente dita; ele não constrói um mundo dramático no qual os personagens interagem para o nosso entretenimento. As obras de Platão levantam questões sérias com as quais o leitor deverá se envolver; o objetivo das obras é trazer o leitor para a prática da filosofia, e não somente que o leitor desfrute do drama. Portanto, Platão não apresenta todos os personagens como igualmente merecedores de nosso tempo e atenção. Alguns são desagradáveis ou ridículos, outros insípidos. Em muitos dos diálogos o protagonista é Sócrates, e é evidente que muitas vezes ele é idealizado e apresentado como a personificação da atividade filosófica, em contraste com outros tipos de vida (a descrição da vida filosófica varia de diálogo para diálogo).

O uso que Platão faz da forma do diálogo é perfeitamente coerente com o fato de ele ter uma opinião sobre os assuntos discutidos e ocasionalmente atribuir essa opinião a Sócrates. Em alguns diálogos, Sócrates debate com outra pessoa, mostrando-lhe que ela não possui a compreensão de algum assunto no qual se considerava uma especialista, mas o próprio Sócrates não propõe qualquer opinião positiva sobre o assunto e pode até declarar que a ele próprio também falta compreensão. Disso de modo algum se segue que Platão não tenha qualquer opinião sobre o assunto. Platão usa o personagem Sócrates de muitas maneiras, e não simplesmente para apresentar suas próprias opiniões.

Por que Platão se distancia dessa maneira? Se ele de fato tem opiniões, e se está claro o bastante para o leitor que, se alguém apresentar essas opiniões nos diálogos, esse alguém será Sócrates, então qual é o sentido de optar pela forma dramática? Por que Platão simplesmente não abre o jogo e nos diz o que pensa?

Para Platão, é muito importante não apresentar sua própria opinião e desse modo evitar que o leitor a aceite por sua autoridade. Ele tinha notícia de filósofos que escreviam tratados dogmáticos, dizendo aos leitores o que pensar sobre uma série de assuntos vastos e importantes. Platão tem opiniões muito bem fundamentadas, nas quais acredita firmemente, sobre uma série de assuntos; é por isso que ocupa um lugar tão proeminente na filosofia ocidental. Mas ele também se vê como um discípulo de Sócrates, que nada escreveu mas examinou as opiniões dos outros, tentando fazê-los entender por si mesmos. Platão quer que o leitor obtenha uma compreensão pessoal do que está sendo dito. Como veremos em detalhes quando examinarmos suas opiniões sobre o conhecimento e a compreensão (e como já pudemos antever no trecho sobre o júri – lembre-se do capítulo 1), o leitor é obrigado a fazer um trabalho pessoal para compreender o que Platão está dizendo. Platão tem certeza de que está com a razão em uma série de assuntos, mas não quer que o leitor adote tais opiniões só porque ele assim o diz.

É fácil não perceber isso, pois em alguns dos diálogos mais famosos Sócrates aparece expondo opiniões positivas, com confiança e mais ou menos detalhadamente, enquanto as pessoas com quem está falando (os "interlocutores") fazem apenas comentários do tipo "É bem verdade, Sócrates". Podemos achar que nessas passagens não há um distanciamento real; o que Sócrates diz é tão somente o que Platão pensa. Mas Platão não pode fazer o leitor conhecer algo; é necessário um esforço pessoal para obter uma compreensão do que está sendo dito. Em algumas ocasiões, de fato, o leitor é ajudado nisso ao ver que as afirmações de Sócrates são contestadas, ou que ele está na defensiva, ou que o objetivo global de uma passagem ou diálogo é obscuro. Ademais, o distanciamento formal de Platão do que está sendo dito por Sócrates (ou, em algumas obras, por um Estrangeiro de Eleia) é sempre importante, mesmo quando não é muito vívido em termos dramáticos. Pois, mesmo que você tenha descoberto o que Platão pensa, ainda resta um trabalho a ser feito; não é uma ideia *sua*, e sim de Platão, enquanto você não pensar a fundo por si mesmo em vez de simplesmente aceitá-la com passividade como sendo o que Platão diz. Só então ela pode se transformar em algo que você compreende.

Em uma passagem famosa, Platão nos mostra Sócrates comparando-se a uma parteira, que dá à luz as ideias de outras pessoas e as examina, em vez de ter "filhos" ele mesmo. A metáfora não significa que Sócrates não tenha ideias próprias; significa que ele mantém as duas coisas separadas: ter suas próprias ideias e examinar as ideias dos outros. Platão escreve filosofia dessa maneira porque também está interessado em manter duas coisas separadas: apresentar suas próprias opiniões e fazer com que o leitor as compreenda por si mesmo. Poucos filósofos expuseram suas ideias tão apaixonadamente quanto Platão. Mas ele nunca confunde isso com impingir suas ideias ao leitor; formalmente, o leitor nunca encontra as ideias de Platão, somente ideias que ele, distanciando-se, apresenta por meio de outras pessoas.

Sócrates, o parteiro

Sócrates, filho de uma parteira – Fenarete –, afirma praticar ele mesmo uma espécie de obstetrícia.

Neste particular, sou igualzinho às parteiras: estéril em matéria de sabedoria, tendo grande fundo de verdade a censura que muitos me assacam de só interrogar os outros, sem nunca apresentar opinião pessoal sobre nenhum assunto, por carecer, justamente, de sabedoria. E a razão é a seguinte: a divindade me incita a partejar os outros, porém me impede de conceber. Por isso mesmo, não sou sábio, não havendo um só pensamento que eu possa apresentar como tendo sido invenção de minha alma e por ela dado à luz. Porém, os que tratam comigo, supondo-se que alguns no começo pareçam de todo ignorantes, com a continuação de nossa convivência, aqueles que a divindade favorece progridem admiravelmente, tanto no seu próprio julgamento como no de estranhos. O que está fora de dúvida é que nunca aprenderam nada comigo; neles mesmos é que descobrem as coisas belas que põem no mundo, servindo, nisso tudo, eu e a divindade como parteira.

(*Teeteto*, 150 c-d)

Alguns consideram, com base em passagens como essa, que Platão é um Acadêmico, não tendo quaisquer opiniões próprias.

(Comentador antigo anônimo sobre o *Teeteto*)

Por que a divindade ordena a Sócrates, no *Teeteto*, que seja parteiro para os outros, mas que não faça nada nascer de si mesmo? [...] Suponhamos que nada possa ser apreendido e conhecido pelos humanos: então seria razoável que a divindade impedisse Sócrates de parir pretensas opiniões, falsas e infundadas, e o forçasse a testar quem tivesse opiniões desse tipo. Argumento que livra do maior dos males – do engano e da vaidade – não é ajuda de pouca monta, e sim das maiores que pode haver. [...] Essa foi a cura de Sócrates; não do corpo, mas da alma purulenta e corrompida. Mas suponhamos que *exista* o conhecimento da verdade, e que exista uma verdade – então esta é obtida não só pela pessoa que a descobre, mas também, na mesma medida, por aquele que aprende com seu descobridor. Contudo, é mais provável que você a obtenha se não estiver convencido de antemão de a possuir: nesse caso obtém-se o melhor de tudo, assim como se pode adotar uma criança excelente sem a haver gerado por si mesmo.

(Plutarco, *Questão platônica 1*)

Duas tradições

No mundo antigo havia duas tradições de leitura de Platão e de identificação como um de seus discípulos filosóficos. A que nos é mais estranha foi a primeira a surgir. Depois de um período que se seguiu à morte de Platão, quando seus sucessores na Academia desenvolveram ideias próprias sobre metafísica e moralidade, a Academia foi levada de volta (por volta de 268 a.C.) por um novo líder, Arcesilau, ao método argumentativo exemplificado pelos diálogos nos quais Sócrates aparece debatendo com alguém sem afirmar ou defender em termos positivos qualquer opinião própria. Arcesilau identificou essa característica da argumentação socrática – argumentar com a outra pessoa *nos termos dela*, mostrando que *ela* tem um problema, não importando as suas opiniões – como o aspecto mais importante de fazer filosofia à maneira de Platão. Ele provavelmente recorreu ao uso que Platão fazia do diálogo para distanciar-se das opiniões expostas a fim de afirmar que as opiniões positivas que encontramos em Platão, por maior que seja a segurança com que são apresentadas, sempre têm o status de simples opiniões propostas para discussão, mesmo onde fica relativamente claro que Platão as considera corretas. De qualquer modo, ele pôs a escola de Platão em um rumo, para usar um termo antigo, "cético" – isto é, inquirindo e questionando as credenciais das opiniões alheias, em vez de comprometer-se com crenças filosóficas específicas de cunho próprio. Essa Academia "Nova" ou Cética continuou, como a escola de Platão, ensinando as pessoas a argumentar contra os dogmas vigentes, até que a instituição chegou ao fim, no século I a.C.

Somente após o fim da escola de Platão encontramos o início de uma tradição, chamada "platônica" (em oposição à inquiridora "Academia"), na qual os intérpretes consideram que as obras de Platão propõem um sistema de ideias chamado de "platonismo". Para essa tradição, o que interessa são as asserções positivas de Platão, não apenas a insistência na argumentação para demolir as asserções alheias e habilitar a compreensão das opiniões dos outros. Desde o século I a.C. até o fim da Antiguidade, vemos filósofos fazendo comentários aos diálogos de Platão destinados a ajudar os leitores com a linguagem, os detalhes e os argumentos. Eles também escreveram introduções a Platão nas quais o pensamento do filósofo é disposto como um sistema filosófico, muitas vezes no formato característico da Antiguidade tardia, dividido em três partes: lógica (e epistemologia), física (e metafísica) e ética (e política). Quando o pensamento de Platão é tratado dessa maneira, os diálogos são encarados como fontes que informam suas opiniões sobre diversos assuntos.

A segunda tradição foi dividida pelos intérpretes modernos entre os "platônicos médios", que produziram, em geral, obras respeitosas e acadêmicas, mas desinteressantes, e os "neoplatônicos", que, começando com a brilhante reinterpretação de Platão por Plotino, no século III, desenvolveram o pensamento de Platão de maneira original e inovadora. Mas essa é uma distinção moderna; no mundo antigo, a única distinção real se dava entre as duas tradições. Por um lado, havia a tradição "cética", da Academia inquiridora, de tomar de Platão a prática de argumentar nos termos do oponente e distanciar-se do envolvimento com as próprias conclusões como declarações oficiais definitivas. Por outro, havia a tradição platônica "doutrinal" ou "dogmática", para a qual o que importava eram as ideias de Platão sobre a alma, o cosmo, a virtude e a felicidade. Para os pensadores dessa segunda tradição, a atividade filosófica assumia a forma de estudar com amor as obras de Platão, levar adiante suas ideias em termos contemporâneos – ou as duas coisas.

A tradição platônica "dogmática" nos é mais familiar. Consideramos natural haver edições e traduções dos textos de Platão, comentários a eles e livros tanto acadêmicos quanto populares sobre suas ideias (como, por exemplo, este livro, é claro), embora não esperemos tanto que os filósofos modernos abordem temas platônicos. A tradição alternativa, segundo a qual é com seu método de filosofar que Platão deseja que nos envolvamos, e não propriamente com suas ideias, marcou pouca presença no século XX, e via de regra assumiu formas excêntricas que a impediram de ser levada a sério. Ela se tornou mais conhecida nos últimos anos, com o interesse maior dos estudantes da filosofia antiga pelos métodos argumentativos da Antiguidade.

É inevitável que essas tradições sejam hostis entre si? Algumas vezes isso ocorreu; mas é possível que elas coexistam e até aprendam uma com a outra. Mesmo que você considere interessante em Platão suas ideias sobre a alma, as Formas ou a boa vida, pode aprender muito com o distanciamento de Platão e sua ênfase na importância de debater nos termos do adversário. E mesmo que considere que o mais cativante em Platão seja o retrato que faz de Sócrates, sempre inquirindo e jamais afirmando conhecer, é interessante descobrir as opiniões positivas dentro das quais Platão faz Sócrates operar dessa maneira.

Platão, o cético?

Será Platão um cético? Isto é, em termos antigos: ele identifica a atividade filosófica com o questionamento do que os outros dizem, e não com a proposição de conclusões fundamentadas?

Cícero argumenta em favor do sim:

> A Academia cética é chamada de Nova Academia, mas parece-me que podemos chamá-la de Velha Academia, se associarmos Platão tanto à Nova como à Velha Academia. Em suas obras nada é afirmado inequivocamente, e há muitos argumentos em ambos os lados de uma questão. Tudo é sujeito à investigação, e nada é afirmado como certo.

Sexto Empírico, um tipo diferente de cético, diz não:

> Quanto a Platão, alguns disseram ser ele dogmático; outros, que era aporético; outros, que parte aporético, parte

> dogmático (pois nas obras ginásticas, nas quais Sócrates é mostrado brincando com as pessoas ou em competição com os sofistas, eles dizem que sua disposição característica é ginástica e aporética, mas que ele é dogmático quando faz asserções a sério por meio de Sócrates ou Timeu, ou alguém semelhante). [...] Aqui [...] dizemos [...] que quando Platão faz asserções a respeito das Formas, ou sobre a existência da Providência, ou sobre uma vida virtuosa ser preferível a uma vida de vício, então, se ele consente a essas coisas como sendo realmente assim, ele está defendendo opiniões; e, se ele se prende a elas por serem mais plausíveis, então abandonou o caráter que distingue o ceticismo.

Muitas vozes?

"Platão tem muitas vozes, e não, como pensam alguns, muitas doutrinas." Assim diz Ário Dídimo, filósofo erudito antigo, ciente de que quando lemos os diálogos ficamos progressivamente intrigados com a questão do sentido do conjunto. Mesmo se presumirmos que as posições defendidas em alguns diálogos por Sócrates ou pelo Estrangeiro de Eleia são todas, ao menos em caráter provisório, aceitas por Platão, encontraremos diferenças de ênfase e perspectiva – o que torna difícil julgar a importância de um determinado tema –, assim como tratamentos radicalmente diferentes de ideias semelhantes e às vezes o que parece conflitos diretos entre as posições em diferentes diálogos.

Ao longo dos séculos houve muitas reações a isso: uma delas foi afirmar que Platão escreveu os diálogos para que fossem lidos separadamente, e que é um erro tentar construir um sistema de ideias a partir deles em conjunto. É uma interpretação difícil de refutar, mas é também surpreendentemente difícil de levar adiante – ler a *Apologia*, *Críton* e *Górgias*, por exemplo, como se as afirmações sobre a bondade e a felicidade contidas neles não tivessem qualquer relação. E quando lemos o que é dito sobre o prazer no *Protágoras* e então encontramos uma opinião aparentemente conflitante no *Górgias*, é insatisfatório simplesmente pensar que se trata de dois diálogos diferentes. Essas são linhas de raciocínio que perpassam muitos dos diálogos de Platão e nos encorajam a tentar conectar as ideias.

Porém, que espécie de unidade há nessas ideias? Alguns intérpretes encontram um grau altíssimo de unidade, mas ao custo de descartar ou rebaixar o que parece ser diferentes abordagens em diferentes diálogos. Os platônicos antigos tendem a fazer isso. A versão mais extrema dessa perspectiva vê o "platonismo" como um conjunto monolítico de ideias na mente de Platão, independentemente de como ele as apresenta nos diálogos e também independentemente do desenvolvimento de argumentos em favor delas. Os proponentes dessa perspectiva deram a Platão má fama entre os filósofos, como alguém mais interessado em dogmas do que na argumentação. No século XX prestou-se mais atenção aos detalhes dos argumentos de Platão, e os intérpretes se mostraram mais propensos a crer que ele pode ter retornado à mesma ideia mais de uma vez, e não sempre da mesma maneira. Até pouco tempo atrás era normal a suposição, nos estudos de Platão, de que suas obras mostravam uma "evolução" do seu pensamento, desde os primeiros diálogos, que mostram Sócrates discutindo sem chegar a conclusões, até os diálogos "da maturidade" e "da velhice", nos quais Platão apresenta suas próprias ideias. A visão evolucionista baseia-se em suposições questionáveis sobre a vida de Platão, sobre a possibilidade de se datarem os textos e sobre a visão de Sócrates como simples porta-voz de Platão e é encarada com grande ceticismo. Ela de fato fornece respostas para alguns problemas criados por passagens aparentemente conflitantes, mas há outras maneiras de lidar com esses problemas.

As ideias de Platão podem ser vistas como um conjunto solto ou coeso. E também podem ser vistas como expostas mais ou menos dogmaticamente. Muitos platônicos doutrinais foram insensíveis à recusa de Platão a comprometer-se pessoalmente; eles também denegriram Platão entre os filósofos, como se ele tivesse simplesmente usado Sócrates ou o Estrangeiro de Eleia como porta-voz de um discurso dogmático. Mas podemos respeitar a recusa de Platão a dogmatizar e ao mesmo tempo conservar o interesse por suas ideias. Muitos sentem que, à medida que avançam na leitura dos diálogos, passam a ter uma impressão progressivamente cumulativa de um conjunto característico de ideias; podem reconhecer também que as formulações que Platão dá a essas ideias nunca são mais do que provisórias.

Ficção, mito e filosofia

O filósofo tem por objetivo a verdade – então não deveria se envolver com o tipo de empreitada que chamamos ficção, na qual nos entretemos com histórias que sabemos não serem verdadeiras. Platão dá um passo além, e é famoso por sua hostilidade às ficções populares de sua cultura, que tomavam principalmente a forma de encenação pública de dramas e recitação de poesias. Ele tem consciência do poder que tais narrativas têm sobre a formação de nossas concepções de nós mesmos e do mundo social em que vivemos. Ele se opõe com firmeza a tal poder quando usado acriticamente para a propagação de ideias tradicionais, que podem ser danosas. Na *República*, em especial, Platão argumenta que a educação cultural tradicional de seu tempo gera crenças falsas sobre os deuses e falsos ideais a serem buscados. As histórias encontradas em Homero e nos dramaturgos antigos (que cumpriam o papel que cabe, em nossa sociedade, ao entretenimento popular) glamorizavam os valores de uma sociedade guerreira, e inevitavelmente desajustariam as pessoas para a convivência na sociedade civil, onde devem agir em cooperação com os outros.

Platão é profundamente hostil ao uso impensado daquilo que chamaríamos de criatividade e imaginação para fins triviais ou danosos. Mas ele mesmo é, como já foi observado, um escritor criativo e imaginativo, e é improvável que não tivesse consciência disso. Seu comprometimento com a busca filosófica pela verdade altera sua atitude para com seus próprios dons de duas maneiras.

Em primeiro lugar, ele os interpreta como tendo um papel limitado. Alguns dos diálogos são escritos de modo a abrir espaço para o que não é filosófico, mas este é um nível no qual não somos encorajados a permanecer. Até nos diálogos mais fáceis e atraentes há sempre uma mensagem clara de que a filosofia se encarrega de argumentar, examinar e por à prova afirmações de uma maneira que deixa para trás o uso da imaginação.

E, além disso, Platão rejeita a ideia de que a imaginação e a criatividade tenham valor intrínseco; ele as usa somente a serviço do aprofundamento do que considera ser opiniões verdeiras. Uma de suas opiniões mais famosas, que o fez simpático aos puritanos de todas as épocas, é a rejeição da ideia do entretenimento inocente. Para ele, a atração de uma boa história é valiosa se nos encoraja a pensar em – e a pensar mais a fundo sobre – bons valores; de outra forma é danosa, visto que nos encoraja a ficar satisfeitos com os valores não questionados da nossa cultura.

Portanto, Platão está perfeitamente disposto, em seus próprios escritos, a usar formas tradicionais, como narrativas, imagens ilustrativas e mitos – histórias envolvendo o supra-humano. O conteúdo delas, contudo, é inteiramente transformado, particularmente no que diz respeito ao mito. Platão rejeita a aceitação, vigente em sua cultura, de uma pluralidade de deuses indiferentes ou hostis uns aos outros que interferem na vida humana. Eles os substitui por uma forma de monoteísmo na qual deus é responsável somente pelo que é bom. Os elaborados mitos de Platão, nos diálogos *Górgias*, *Fédon*, *República*, *Fedro* e *Político*, realçam os pontos defendidos por argumentos no diálogo, sendo usados como materiais para uma narrativa imaginativa.

Aqui temos uma ironia: em termos do simples número de pessoas afetadas, provavelmente o texto mais influente de Platão tenha sido a história inacabada de Atlântida, na introdução ao *Timeu* e no fragmento *Crítias*. Ele começa uma narrativa sobre a Atenas antiga, que representava uma forma de governo ideal, e sobre uma ameaça de invasão por Atlântida, uma civilização rica, sofisticada, a oeste do mundo grego então conhecido. A própria Atlântida era originalmente utópica também, mas é imperfeita, de modo que busca conquistas imperialistas. Mesmo o início dessa história inspirou um gênero de escritos utópicos e também romances, histórias de ação e filmes sobre estrangeiros exóticos que ameaçam a "nossa" civilização. (A maioria é mais grosseira do que a versão de Platão, que não oferece aos leitores identificação fácil com os "mocinhos" e tampouco um final francamente otimista.)

O mais interessante, contudo, é que Platão faz o narrador começar a história com um longo preâmbulo sobre tê-la ouvido de sacerdotes egípcios, que têm, diz ele, registros históricos muito mais antigos que os gregos, cuja civilização foi muitas vezes destruída e restaurada, de modo que são ignorantes da própria história. Essa ideia exerce uma atração profunda sobre muitas pessoas decididas a revelar uma versão até agora desconhecida da "nossa história". A "verdadeira" Atlântida já foi "descoberta" no Mediterrâneo, na Grã-Bretanha pré-histórica, na Irlanda, na Dinamarca, na América do Sul, no Iucatã, nas Bahamas, na América do Norte e como um continente perdido hoje submerso sob as águas do Atlântico.

A incansável indústria de descobertas de Atlântida ilustra os perigos de ler Platão, pois ele está claramente usando o que se tornou um dispositivo clássico da ficção – enfatizar a historicidade de um evento (e a descoberta de fontes até então desconhecidas) como indicação de que o que vem a seguir é ficcional. A ideia é que deveríamos usar a história para examinar nossas ideias sobre governo e poder, entendendo errado se, em vez de pensar sobre essas questões, saíssemos por aí explorando o leito do mar. A persistente interpretação errônea de Platão como um historiador aqui nos permite ver por que sua desconfiança da escrita imaginativa é às vezes justificada.

Figura 5. Os viajantes do submarino do capitão Nemo descobrem as ruínas subaquáticas de Atlântida, iluminadas por um vulcão submarino, no romance de 1870 *Vinte mil léguas submarinas*, de Júlio Verne. No fim do século XIX e no século XX, Atlântida figurou na ficção científica e no cinema (inclusive em uma animação da Disney) como uma cidade submarina, às vezes habitada, descoberta por aventureiros intrépidos da sociedade contemporânea.

Capítulo 4

Amor, sexo, gênero e filosofia

Não enxergar Platão por inteiro

Platão é, de acordo com Santo Agostinho, o filósofo pagão que mais se aproxima do cristianismo. Na ânsia de cooptar a autoridade de Platão para o desenvolvimento intelectual da Igreja, contudo, Agostinho e outros pais da Igreja se fizeram de cegos para algo em Platão que era anátema para o judaísmo e o cristianismo, e dessa maneira deram início a uma lastimável tradição de uma atenção seletiva e às vezes desonesta às obras de Platão.

Platão escreveu em uma sociedade na qual as relações sexuais e eróticas entre homens eram aceitas como algo natural e muitas vezes socialmente aceitável, particularmente entre um adolescente e um homem adulto, quando o "amante" mais velho servia como mentor e guia do mundo adulto para o "amado" mais jovem. Tais relacionamentos eram idealizados, e não vistos como inimigos de relacionamentos mais prosaicos como o casamento.

O tema do amor em Platão, como fundamento e parte da filosofia, será encontrado principalmente nos diálogos *Banquete* e *Fedro*, embora figure como parte do arranjo de alguns outros diálogos. A seguir (e pelo restante do livro), falarei das opiniões de Platão, presumindo que o leitor não precisará da reiteração constante dos pontos que observamos sobre o distanciamento criado pela adoção da forma do diálogo.

Platão faz mais do que aceitar as relações homoeróticas como parte de seu mundo social. Ele as aborda de uma perspectiva romântica e vai além, em dois sentidos. Enfatiza o aspecto de aconselhamento da relação amante-amado, elevando-a a uma relação idealizada entre mestre e pupilo que

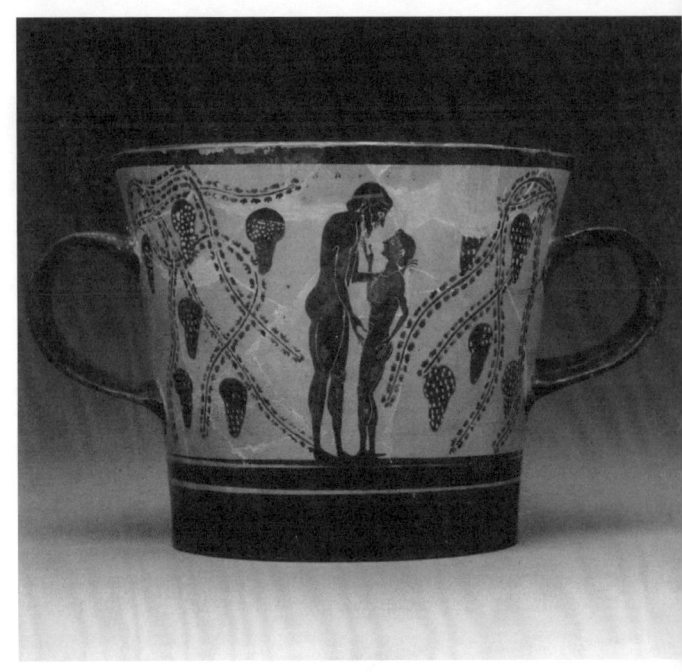

Figura 6. Amante e amado na sociedade de Platão.

está acima da atração física e consiste do cuidado pela alma do outro – isto é, pelo bem-estar mental e psicológico. É isso o que muitas vezes se rotula de "amor platônico" – amor na forma de uma relação romântica, mas transformado em cuidado pela alma em vez de pelo corpo. Sócrates é muitas vezes retratado preocupando-se com o bem-estar de meninos com os quais ele passa o tempo nos ginásios. De fato, ele chega algumas vezes a afirmar ser um especialista no amor (*ta erotika*, o amor do tipo sexual e romântico).

Isso, é claro, está sujeito a interpretações equivocadas. Homens mais velhos que passam tempo em ginásios estão normalmente, afinal, interessados nos corpos dos jovens, não em suas almas. No *Banquete* há uma passagem (215a-222b) concebida para mostrar o que de fato é o amor de Sócrates. Alcibíades, um jovem ateniense belíssimo, rico e inteligente, está acostumado a ser cortejado por homens mais velhos e fica fascinado ao ver como Sócrates não se deixa seduzir por seu encanto. Ele descobre que somente Sócrates é capaz de fazê-lo sentir-se envergonhado de sua vida leviana e aspirar a ser uma pessoa melhor. Querendo ter Sócrates como mentor, decide seduzi-lo para uma relação sexual. Mas, para sua humilhação, ele fracassa, mesmo quando vai do flerte para uma noite passada junto de Sócrates sob o mesmo manto. Sócrates simplesmente comenta que, se ele pudesse de fato tornar Alcibíades uma pessoa melhor, isso seria uma recompensa muito mais valiosa do que o mero sexo.

Apesar da eloquência dessa passagem, nem sempre as interpretações equivocadas foram evitadas. O satirista ulterior Lucano faz um filósofo platônico tranquilizar um pai apreensivo quanto a permitir que seja tutor de seu filho adolescente: é a alma que o interessa, e não o corpo, e, mesmo quando seus pupilos passam a noite sob o mesmo manto que ele, nunca reclamam!

Amor e sexo

É verdade que algumas passagens, especialmente do *Fedro*, sugerem que o sexo não está completamente excluído de uma relação filosófica prolongada (isso não se aplica, contudo, às do tipo mais elevado), uma vez que ela tenha evoluído de uma relação mentor-pupilo para um companheirismo filosófico mais equilibrado. Para Platão, o sexo como tal não é o problema; a questão é até onde as vidas podem ser dedicadas ao estudo da filosofia sem que se fique indiferente às necessidades do cotidiano.

Há uma segunda maneira pela qual Platão usa a linguagem do amor romântico homoerótico. De modo mais acentuado no *Banquete*, ele representa a ânsia pela investigação e pelo entendimento filosóficos como sendo em si mesma uma transformação do desejo sexual. Em um trecho sobre a "escada do amor", Sócrates descreve como o desejo erótico pode ser sublimado e transfigurado, levando a pessoa a ir além dos prazeres particulares, encontrando satisfação somente na transformação da posse individual em contemplação e compreensão de verdades universais. Essas ideias de Platão foram comparadas às de Freud, embora seja possível argumentar que elas são menos redutivas: a ânsia humana por compreender é atribuída a um impulso básico comum a todos, mas que pode, ao mesmo tempo em que conserva sua energia e premência, ser transformado em algo com estrutura e complexidade intelectuais.

Por que Platão faz algo tão improvável quanto atribuir o impulso para a compreensão filosófica à energia do amor? Talvez por se sentir atraído, como muitas vezes acontece, por uma explicação que traz a promessa de harmonizar duas condições muito diferentes sobre o que está sendo explicado. O impulso de fazer filosofia tem de vir de dentro e ser genuíno. Platão se impressiona com a semelhança com o desejo do amante: vem de dentro de uma maneira que não pode ser produzida deliberadamente e, como o amor, leva a pessoa a concentrar todos os seus esforços para alcançar um objetivo sem o qual sente que é impossível viver, por mais inatingível que pareça. Mas a filosofia é também uma atividade conjunta, e poucos enfatizaram tanto quanto Platão a importância da discussão e da argumentação com outras pessoas; a realização filosófica é criada a partir das conversações entre dois ou mais, e não somente pelo intenso pensar de um indivíduo. Platão enfatiza às vezes como o amor pode gerar um casal com interesses comuns que transcendem o que cada um obtém separadamente do relacionamento; a filosofia, de maneira semelhante, requer o estímulo e a cooperação da discussão e da argumentação conjuntas. A filosofia e o amor, desta forma, compartilham características misteriosas. Até que ponto o amor ilumina a filosofia é um outro assunto; sem dúvida a discussão de Platão faz ambos ocuparem um lugar na vida humana de uma maneira original e inspiradora.

Problemas de gênero

Inspiradora para os homens, talvez. Mas será que não há um problema para as mulheres que leem essas obras, nas quais o amor romântico e erótico é discutido inteiramente em termos homoeróticos e as mulheres não são consideradas, ou mencionadas somente como uma opção inferior ou rejeitada? Platão fala do amor entre homens como gerador de "crias" intelectuais que são preferíveis às crias físicas que os homens e mulheres geram em conjunto. Aqui ele talvez esteja simplesmente reproduzindo o desprezo de sua época pela esfera feminina ao interpretar o amor entre homens como superior, tanto intelectualmente quanto em outros aspectos, ao amor heterossexual – embora ele provavelmente exagere esse desprezo e também a importância do amor homoerótico na sociedade em que vivia. (O amor entre mulheres não lhe interessa muito; ele provavelmente pouco sabia do assunto.) Contudo, a atitude de Platão para com as mulheres é complexa. Ele obviamente não se preocupa com a sensibilidade feminina em seus escritos. Mas no *Banquete* a descrição da "escada" do amor é na verdade posta na boca de uma mulher, uma sacerdotisa chamada Diotima. E, em coexistência com a misoginia, Platão percebe que existe um problema acerca da vida e das expectativas das mulheres, um problema raras vezes reconhecido pelos filósofos até bem recentemente.

O potencial das mulheres e a família

A *República* de Platão e em menor escala o diálogo *Leis* são famosos pela ideia de que, em uma sociedade com um governo ideal, a família nuclear seria abolida ou sofreria restrições severas. Platão impressiona-se ao ver como as famílias muitas vezes servem de escolas de egoísmo e incutem uma atitude competitiva e hostil para com os que dela não fazem parte, e que isso muitas vezes limita a amplitude das ligações com grupos maiores. Somente haverá cidadãos verdadeiramente ligados às suas cidades e seus ideais, pensa Platão, se as influências transmitidas pela família nuclear forem limitadas. Entre os benefícios que ele vê nessa ideia está uma liberação do potencial das mulheres, que passarão de uma vida limitada a cuidar de marido e filhos em casa para outra em que suas capacidades físicas e mentais possam se desenvolver em contextos mais amplos, assim como acontece com as dos homens.

Na *República* essa ideia é desenvolvida em um contexto muito idealizado, no qual presume-se que as mulheres, como os homens, podem se tornar tanto guerreiras quanto filósofas. Em *Leis*, o contexto é menos distante do mundo que Platão habitava, e às mulheres é concedida alguma ampliação dos papéis que podem exercer, além dos tradicionais, embora a família nuclear seja mantida. Essas ideias, mesmo numa versão mais limitada, foram revolucionárias no tempo de Platão, dando margem a ridicularizações e mal-entendidos.

Numa época em que as questões já foram debatidas em todos os detalhes e de maneira organizada, podemos ver com clareza muitos defeitos na abordagem de Platão. Não é nada empírica e se baseia em afirmações a priori sobre a natureza humana, não tendo, portanto, aplicação clara numa sociedade concreta. Como um ideal heroico mas fantasioso, teve pouco impacto efetivo ao longo dos séculos. Ademais, apesar de teoricamente defender a igualdade entre os sexos, Platão insiste em pensar que as mulheres, no geral, terão um desempenho inferior ao dos homens, tanto físico quanto mental. E há um motivo para isso: ele pensa em aprimorar as mulheres capacitando-as a fazer o que os homens fazem e a cumprir os papéis que os homens cumprem. Ele nada vê nas mulheres e em suas atividades, na sociedade em que vive, que seja digno de respeito ou de ser conservado como algo que tanto os homens quanto as mulheres deviam fazer. Esse é um dos principais motivos para que ele continue a se referir às mulheres em termos misóginos.

Portanto, podemos perceber por que algumas pessoas viram em Platão o primeiro feminista, já que ele não reconhece nenhum motivo para que as mulheres sejam excluídas das atividades praticadas pelos homens, enquanto outras o viram como parte de uma tendência profundamente antifeminista, segundo a qual as mulheres só deviam ser objeto de atenção na medida em que pudessem ser socialmente reconstruídas como homens. Considerando a dificuldade da questão e a tendência do feminismo a discordar a respeito de rejeitar ou valorizar as atividades e características tradicionalmente femininas, podemos ver por que Platão envia sinais conflitantes nesse campo. Podemos criticá-lo por não reconhecer o que as mulheres realmente são e fazem. Ou podemos ficar impressionados pelo fato de que ele na verdade percebe que a posição das mulheres na sociedade é um problema, e que o ideal seria fazer alguma coisa quanto a isso. É uma das marcas de sua originalidade que praticamente nenhum outro filósofo tenha pensado nisso. Aristóteles, por exemplo, que tinha um respeito maior pelas opiniões correntes, não viu nenhum problema no fato de que as mulheres dirigiam os lares, não tinham direitos políticos e não recebiam a mesma educação que os homens; e, até pouco tempo atrás, era normal ver as coisas dessa maneira.

Diz-se que houve duas alunas na Academia, Lasteneia e Axioteia, que chegaram à escola disfarçadas de homem depois de lerem a *República*. A história pode ser uma invenção inspirada pela *República*, mas, sendo ou não verídica, mostra que Platão era visto como defensor da ideia de que o gênero é irrelevante para o desenvolvimento intelectual.

Sexo e gênero

Até o século XX, embora Platão muitas vezes tenha ocupado um lugar de grande destaque na tradição filosófica ocidental, suas opiniões sobre sexo, amor e gênero, por vários motivos, foram apartadas da discussão filosófica, e isso resultou numa curiosa cegueira voluntária ao que se encontra nos textos. Embora não fosse invenção daquela época, a hipocrisia dessa atitude era particularmente evidente no século XIX, quando as obras de Platão se tornaram parte importante da educação universitária.

A rejeição vitoriana do elemento homoerótico em Platão

A peça *The Invention of Love*, de Tom Stoppard, sintetiza a ambivalência da perspectiva da Oxford vitoriana sobre Platão. Aqui encontramos Walter Pater, um homossexual enrustido cujo livro *Plato and Platonism* quase trouxe à superfície alguns aspectos do amor de Platão pela beleza masculina, e Benjamin Jowett, o mestre do Balliol College, que traduziu Platão para o inglês e foi pioneiro em Oxford nos estudos platônicos, em particular sobre a *República*. Na peça de Stoppard, Jowett acusa Pater de escrever cartas inapropriadamente ardorosas para um estudante de Balliol.

PATER: [...] Estou muito surpreso que faça restrições a um entusiasmo tão obviamente platônico.
JOWETT: Um entusiasmo platônico, no que dizia respeito a Platão, significava um entusiasmo do tipo que esvaziaria as escolas públicas e encheria as prisões, caso não fosse cortado pela raiz. Na minha tradução de *Fedro*, todo o meu engenho foi necessário para reformular sua descrição da pederastia, transformando-a numa atenção afetuosa, como a que existe entre um inglês e sua esposa. Platão teria feito ele mesmo a transposição, caso tivesse a felicidade de ter sido um homem de Balliol.
PATER: Ainda assim, mestre, nenhum engenho, por maior que seja, pode desfazer-se daquele amor por meninos como característica singular de uma sociedade que veneramos como uma das mais brilhantes da história da cultura humana, que se elevou muito acima de suas vizinhas em distinção moral e mental.
JOWETT: É muito amável, senhor, mas um aluno de graduação dificilmente poderia ser chamado de característica singular, e escrevi ao pai dele pedindo que o retirasse. [...] O

Figura 7. Platão do *fin de siècle*.

> câncer que rebaixou a glória dos gregos não sairá vitorioso sobre Balliol!

A homossexualidade era literalmente inominável, e Platão foi publicado em traduções censuradas e falaciosas. Ao mesmo tempo, havia uma semiconsciência ansiosa de que o amor platônico não era o amor heterossexual aprovado pela sociedade. A pintura simbolista *A escola de Platão*, de Jean Delville, expressa bem tais sentimentos. Platão é apresentado como uma figura espiritual com ares de Cristo, com doze discípulos, que são pintados nus e andróginos, indicando que são almas sem sexo, mas que inequivocamente parecem belos jovens feminilizados agrupados em torno de um mestre mais velho. O inominável é fortemente sugerido – de uma maneira que seria desconcertante para o próprio Platão, que não via as relações entre pessoas do mesmo sexo como clandestinas ou como algo que exigisse recato.

A ideia de que os papéis sociais dos homens deveriam estar disponíveis às mulheres, embora não literalmente inominável, era vista como piada, até que os movimentos feministas do século XIX a transformassem num tópico sério de discussão política. Durante 150 anos a *República* em especial vem sendo debatida com essa questão em mente. Hoje, o estudo de Platão tem pouco a contribuir para a discussão feminista moderna: os pontos de partida dele, e muitas das suas suposições, são distantes demais dos nossos para que ele seja um parceiro proveitoso no debate por longo tempo.

Contudo, é em sua posição sobre as mulheres que Platão é mais radical e inovador. A própria ideia de que nada há de natural nos papéis sociais das mulheres, de que elas podem fazer as mesmas coisas que os homens, é uma inovação surpreendente. Porém, por mais que sejam originais suas ideias sobre o amor e a filosofia, seu foco sobre o amor homoerótico, quando o encaramos friamente, era algo que requeria muito menos originalidade. Foi a postura ansiosa de muitos leitores futuros ante esse tópico que o influou ao ponto de adquirir a importância de uma questão crucial.

Capítulo 5

Virtude, em mim e na minha sociedade

Como ser feliz

Em muitos diálogos Platão enfrenta a questão de como podemos viver uma vida boa. Ele parte de uma suposição que é compartilhada com o restante de sua sociedade, isto é, a de que todos buscamos a felicidade (*eudaimonia*). Aquilo que chamamos de ética surge com o interesse não somente em *viver* a própria vida, mas em fazê-lo *bem*, fazer um bom trabalho. Todos procuramos ser felizes, no sentido de viver uma vida boa (algo a ser nitidamente discernido das noções modernas de felicidade, que a identificam com sentir-se bem; a felicidade, para todos os pensadores antigos, é a realização de quem vive uma vida admirável, invejável). Platão nunca duvida de que é nisso que começa o interesse pela ética. Ele nos dá, contudo, uma resposta radicalmente diferente da que a maioria das pessoas daria, e a maioria dos filósofos também, à definição de viver uma vida admirável, invejável, e assim alcançar a felicidade.

Muitas pessoas, tanto no mundo moderno quanto no antigo, consideram natural dizer que uma vida feliz é uma vida de sucessos; a pessoa feliz será, via de regra, a pessoa rica, segura, que conseguiu realizar alguma coisa na vida. Parece estranho – na verdade, irracional – dizer que alguém poderia ser feliz, poderia viver uma vida que se admira e tenta imitar, se acontece de ser rejeitado e não ter sucesso. Mas Platão foi influenciado pelo exemplo de Sócrates, que abriu mão do sucesso mundano em nome da filosofia e terminou condenado como criminoso e executado – e que ainda assim claramente parecia a Platão ter vivido uma vida admirável. Portanto, a maioria das pessoas deve estar errada sobre como viver uma vida feliz.

Qual é o erro da maioria das pessoas? Elas creem que tudo estará bem com suas vidas e que serão felizes se tiverem as coisas que a maioria das pessoas crê serem boas – saúde, riqueza, beleza física e assim por diante. Mas essas coisas são boas? Elas fazem algum bem, trazem algum benefício? Não há dúvidas, pensa Platão, de que você está aqui como um artesão com ferramentas e matéria-prima – elas não lhe trazem qualquer bem antes que você as *utilize*, isto é, antes que *faça* alguma coisa com elas. Além disso, é preciso fazer a coisa *certa* com elas, dar-lhes um uso que seja hábil e inteligente, caso contrário não lhe trarão benefícios – na verdade, podem ser prejudiciais. Alguém que ganhe na loteria, por exemplo, pode muito bem não se tornar nem um pouco mais feliz por simplesmente possuir o dinheiro. A menos que a pessoa arranje uma utilidade inteligente para o dinheiro, ele talvez nada mude em sua vida, ou mesmo a leve à ruína. A felicidade não pode ser apenas as coisas que se têm; é necessário usá-las da maneira certa, lidar com elas como um artesão lida com suas matérias-primas, para que tragam benefícios e assim tornem a vida melhor.

Portanto descobrimos que as virtudes, que nos permitem lidar bem com as vantagens materiais da vida, são chamadas (em *Leis*) de "bens divinos", em contraposição aos "bens humanos", que seriam aquelas vantagens materiais. Sem os bens divinos, perderemos os benefícios dos bens humanos. Então, o valor, para nós, da saúde, da riqueza e de coisas afins depende de nossa posse de virtudes como coragem e justiça. E as virtudes dependem, por sua vez, para ter valor na vida humana, do raciocínio prático que as forma e guia sua aplicação. Portanto, no *Eutidemo*, as virtudes que fazem alguma coisa a partir do material das nossas vidas são identificadas com a sabedoria, a inteligência prática que guia a vida virtuosa.

Está claro que temos em mãos uma ideia ousada, mas ousada até que ponto? Será que Platão está dizendo que coisas como saúde e riqueza não tornam a vida melhor por simplesmente estarem presentes, mas a fazem melhor se a sabedoria prática lhes der bom uso? Se a resposta for sim, ele considera que são coisas boas apenas condicionalmente

– somente no contexto de uma vida bem vivida? Ou será que considera, mais austeramente, que coisas como saúde e riqueza não são boas de modo algum, e que somente o uso inteligente que faço da saúde, da riqueza e outros bens da fortuna torna minha vida melhor, enquanto a presença deles não o faz?

Platão parece não ter refletido até as últimas consequências sobre a diferença entre essas duas posições, visto que encontramos discursos favoráveis a ambas. Posteriormente, as teorias éticas as distinguiram, e a segunda e mais austera posição, a dos estoicos, foi em geral considerada a vencedora da competição por ter Platão como predecessor. Um motivo para isso é que a perspectiva mais austera sugere que ser virtuoso é em si suficiente para uma boa vida, e esta é uma posição que encontra corroboração em outras partes da obra de Platão.

O que importa

Na *Apologia* (o discurso de defesa de Sócrates), no *Críton* e no *Górgias* encontramos declarações explícitas de caráter bastante inflexível. Sócrates afirma que, no que diz respeito à questão de ser feliz ou não, tudo o que importa é ser virtuoso. Se sabemos que uma linha de ação é errada, então não devemos pô-la em prática, e quantidade alguma de qualquer coisa que possamos ganhar ou perder ao praticar a ação tem qualquer influência sobre isso. Mesmo que a vida corra risco, não se deve tentar salvá-la abrindo mão dos próprios valores.

Por que Sócrates tem tanta certeza de que não se pode abrir mão das exigências da virtude – que elas não podem, inclusive, ser medidas na balança com considerações como dinheiro, segurança e assim por diante? Nós vimos que a virtude não é apenas um bem que alguém possua, algo que possa ser comparado a outras coisas boas, como riqueza ou segurança. Pelo contrário, a virtude é um bem "divino" – é ou o único bem incondicional, ou a única coisa que é boa de fato. E assim acontece porque é a virtude que nos permite pôr em bom uso outras coisas convencionalmente boas – portanto, é o que determina a diferença entre, de um lado, fazer com que elementos como saúde e riqueza nos beneficiem e, de outro, que não nos tragam qualquer bem, ou até mesmo arruínem nossas vidas. Portanto, a virtude é muitas vezes vista como um tipo de habilidade ou capacidade – uma espécie de conhecimento prático que é aplicado na transformação de matérias-primas em um produto uniforme e acabado.

Virtude inflexível

No *Críton* (48c-d), Sócrates, esperando pela execução, examina por que motivos ele deveria ou não tentar fugir da prisão.

> Sócrates: Portanto, é a partir desse reconhecimento que se deve examinar isso: se é justo eu tentar sair daqui sem a liberação dos atenienses ou não. Se isso se mostrar justo, vamos tentar; mas, se não, vamos deixar para lá. Quanto às observações que você fazia sobre gasto de dinheiro, opinião e criação de filhos, eu receio, Críton, que isso seja, na verdade, o observado pela [...] maioria! Já nós, uma vez que o discurso assim determina, receio que nada mais devamos examinar senão aquilo que dizíamos agora há pouco: se faremos o justo ao darmos dinheiro (e gratidão) a esses que vão me tirar daqui – e ao nos retirarem e sermos retirados –, ou se na verdade agiremos mal ao fazer tudo isso. E, caso nossos feitos se mostrem injustos, eu receio, diante do agir mal, não ser preciso calcular se precisamos morrer (aqui permanecendo e nos conduzindo sossegadamente) ou sofrer qualquer outro mal.

É uma ideia poderosa. No momento em que começo a pensar em como viver bem a minha vida, eu já, como dizemos, tenho uma vida – tenho um conjunto de responsabilidades e relacionamentos, como família e emprego, e um conjunto de objetivos, ambições e sonhos. E também, normalmente, quero ser uma boa pessoa, ser corajosa, e não covarde, justa, e não injusta, e coisas do tipo. Platão nos diz, intransigente, que a virtude tem um papel especial e um tipo especial de valor. Ser virtuoso não é somente ter alguns bens, como riqueza, saúde e assim por diante, e também virtude. Na verdade, a virtude é o elemento *controlador* e *definidor* da sua vida; todo o resto não passa de matéria-prima sobre a qual a virtude trabalhará, e ela produz um resultado que é um todo bem organizado ou, se fracassar, uma bagunça. Se olhamos para as coisas dessa maneira, podemos entender por que Platão considera a virtude tão crucial na vida. Ele, contudo, não articula o tipo de teoria exata que posteriormente os filósofos criariam como resultado de pensar sobre – e refinar – essa ideia de virtude como o elemento controlador de uma vida.

Tornar-se como deus

Isso já pode parecer aos leitores modernos uma perspectiva muito exigente. A maioria de nós provavelmente tem mais afinidade com a posição mais senso comum de Aristóteles, que admite que a virtude é importante como fator organizador básico da vida, mas insiste que os bens convencionais, como saúde e riqueza, também são bons e melhoram a vida dos que os têm (e a perda deles abala a vida o suficiente para acabar com a felicidade).

A posição de Platão é sem dúvida extremamente exigente, e foi reconhecida como tal no mundo antigo (como já indicado, foi de modo geral identificada com a severa posição estoica). Se ele está certo, minha vida deve ser conduzida de um modo muito diferente do atual; em vez de buscar objetivos como riqueza ou poder, eu deveria fazer tudo o que pudesse para que minha vida fosse organizada e controlada pela virtude – e, para a maioria das pessoas, isso faria uma grande diferença.

Às vezes, no entanto, vemos Platão propor a ideia de que não é o bastante transformar a vida pela colocação da virtude como timoneira de suas prioridades. Na verdade, seria preciso reconhecer que todas as nossas preocupações e negócios cotidianos são de fato mesquinhos e insignificantes. Todas as coisas que afetam as pessoas teriam de ser vistas como meras banalidades. A virtude requer, em outras palavras, *distanciamento* das preocupações cotidianas e, portanto, da mescla do bom e do ruim, inevitável no dia a dia. Pois, na vida como ela é, não é possível ser realmente virtuoso, *perfeito*. "Daqui nasce para nós o dever de procurar fugir quanto antes para o alto. Ora, fugir dessa maneira é tornar-se o mais possível semelhante a deus; e tal semelhança consiste em ficar alguém justo e santo e com sabedoria." (*Teeteto* 176a-b).

A ideia de tornar-se semelhante a deus deve ter parecido chocante ao público de Platão. Deuses e humanos são diferentes tipos de seres, assim como de nós diferem os outros animais. Tradicionalmente, um humano buscar tornar-se um deus era uma transgressão (prontamente punida pelos deuses tradicionais). O que Platão tem em mente não é isso, é claro, mas sim uma visão filosoficamente refinada do que é deus. Deus é puramente bom, inteiramente livre do mal (ao contrário dos deuses gregos tradicionais), e tornar-se como deus é aspirar a aproximar-se da perfeição tanto quanto for possível a um humano.

O ideal da virtude como emulação de deus vai contra a corrente principal do pensamento ético antigo, que interpreta a virtude como uma realização ideal da natureza humana e de seu potencial, e não como tentativa de transcendê-la e tornar-se uma espécie de ser inteiramente diferente, em uma busca por perfeição que só pode ser alcançada no afastamento da vida cotidiana. Marginalizado por muitas centenas de anos, o ideal supramundano foi revivido na Antiguidade tardia, nas interpretações "neoplatônicas" de Platão e no impacto que estas exerceram sobre o desenvolvimento intelectual do cristianismo.

Educando boas pessoas

Por mais simpático que às vezes se mostre a essa ideia, contudo, Platão geralmente considera a virtude como um tipo *prático* de conhecimento, que se exerce dentro e sobre a vida do agente. Além disso, como vimos, ele considera que se tornar virtuoso é essencial para alguém que espere alcançar o que todos esperam alcançar, isto é, a felicidade. Porém, como uma pessoa se torna virtuosa? Aristóteles, discípulo de Platão, mais tarde pensaria que o primeiro passo é tomar como modelos de conduta pessoas virtuosas de nossa comunidade; depois passamos a imitar e a criticar o conteúdo de suas deliberações. Se nos desenvolvemos bem, alcançamos uma virtude mais rica, mais contemplativa e unificada do que aquela com que começamos; mas não podemos errar muito ao começar pelos modelos de nossa comunidade. Platão discorda inteiramente; algumas de suas mais vívidas passagens apresentam a pessoa que aspira à virtude como estando em total oposição à sua comunidade, encontrando pouca solidariedade ou apoio para suas próprias ideias. Quanto mais talentosa e sensível for a pessoa, ele sugere em um trecho, mais será moldada pelos diversos tipos de pressão que a sociedade exerce.

Platão reconhece que essas pressões não são todas abertamente morais ou políticas. Aquilo que chamamos de cultura de uma sociedade influencia as pessoas de muitas maneiras. Especificamente, Platão é o primeiro a ressaltar a importância do que chamamos de arte na formação dos valores dos membros de uma sociedade. O papel que em nossa sociedade é cumprido pelo cinema, pela televisão e pelos livros era cumprido na Atenas de Platão pela encenação de dramas no teatro, em festivais e pelo aprendizado e recitação de diversos tipos de poesia, épica (especialmente a *Ilíada* e a *Odisseia* de Homero) e lírica. Platão as leva muito a sério, recusando-se a vê-las como simples entretenimento inocente.

Em duas de suas obras mais longas, *República* e *Leis* – a segunda uma obra na qual esboça um código legal para uma nova cidade –, Platão insiste numa reforma radical da cultura de sua comunidade, em prol do crescimento moral de seus cidadãos. O conteúdo da cultura tradicional, com destaque para a poesia, deve ser reformado por completo e purgado de passagens que encorajem o comportamento egoísta e não cooperativo. E Platão encara com suspeita a ideia de representação dramática. Ele pensa, como fizeram os puritanos de diversas tradições, que interpretar papéis faz do próprio ator uma pessoa fraca e suscetível. Além disso, desconfia do efeito do teatro sobre o público, que é encorajado a sentir emoções sérias de maneira leviana, enfraquecendo assim o controle sobre as próprias emoções. Na cidade aprimorada de *Leis* não há nada do teatro que compôs parte tão importante da cultura popular grega (e que chegou até nós sob o nome de "tragédia grega"). Platão não demonstra sentir remorsos pelo empobrecimento do lado criativo e imaginativo das pessoas; para ele, o que importa é o desenvolvimento moral, e as energias que, em outras sociedades, a arte absorve são, na comunidade ideal de Platão, exclusivamente concentradas no desenvolvimento moral.

O efeito uniformizante da opinião popular

A desconfiança de Platão com relação aos efeitos da cultura popular, que ele acusa de sufocar o pensamento individual, transparece vividamente nesta passagem da *República* (492a-c).

Sócrates: Se a propensão que atribuímos ao filósofo recebe a educação apropriada, obrigatoriamente, ao se desenvolver, alcança todas as virtudes. Porém, se foi semeado, cresceu e procurou o alimento num solo que não era apropriado, forçosamente manifesta todos os vícios, a não ser que um deus o proteja. Você crê também, como o vulgo ingênuo, que existem alguns jovens corrompidos pelos sofistas e alguns sofistas que os corrompem, a ponto de o fato ser digno de menção? Não lhe parece, ao contrário, que aqueles que os acusam são eles mesmos os maiores

> sofistas e sabem perfeitamente instruir e modelar à sua maneira jovens e velhos, homens e mulheres?
> ADIMANTO: Quando e como o fazem?
> SÓCRATES: Quando, sentados em filas apertadas nas assembleias políticas, nos tribunais, nos teatros, nos acampamentos e em toda parte onde haja reunião de pessoas, criticam ou aprovam determinadas ações ou palavras, em ambos os casos com grande alarido e de forma exagerada, gritando e aplaudindo ao mesmo tempo. No meio de semelhantes cenas, não sentirá o jovem faltar-lhe o ânimo? Que educação especial poderá resistir? Não será submersa por tantas críticas e elogios e arrastada ao sabor da corrente? Não se pronunciará o jovem como a multidão a respeito do belo e do feio? Não se associará às mesmas coisas que ela? Não se tornará semelhante a ela?

O indivíduo e o Estado

Até aqui falei de comunidade em vez de Estado, mas para Platão não existe uma fronteira nítida entre o cultural e o político. Suas ideias sobre como o Estado deveria ser organizado rejeitam a ideia de que a política forneça um sistema dentro do qual os indivíduos possam se desenvolver como preferirem para a busca de objetivos pessoais. Realmente, os ideais políticos de Platão são, do início ao fim, guiados pela ideia de que o individualismo competitivo é o principal problema político. As pessoas querem "arrastar" as coisas para suas próprias casas e desfrutar em privado de qualquer coisa que realizem, em vez de querer cooperar na produção de bens compartilhados, de que todos possam desfrutar publicamente. Em um esboço reconhecidamente fantástico de um "Estado ideal", na *República*, e em uma descrição mais detalhada, em *Leis*, de como uma nova cidade grega poderia ser idealmente organizada, Platão reforma as instituições políticas e educacionais a fim de gerar uma pessoa que se veja primordialmente como cidadã, alguém cujos objetivos de vida são compartilhados com os de seus concidadãos – e concidadãs, pois mesmo em *Leis* Platão defende que as mulheres deveriam se ver como cidadãs, participantes do espaço público, e não como prisioneiras da labuta doméstica particular. Na fantasia da *República*, essas ideias chegam ao ponto de abolir a família nuclear por completo; em *Leis*, Platão tende mais a fortalecê-la como base para a educação de cidadãos que tenham espírito de comunidade.

O que justifica, para Platão, ideias tão radicais, que modificariam implacavelmente as instituições com a finalidade de produzir pessoas de mentalidade mais social? Essa é, pensa ele, a única maneira racional de organizar a sociedade para que funcione como um todo, em vez de consistir em um agrupamento de indivíduos em conflito. Tais ideias são sempre apresentadas como a solução de um especialista, e são constantemente equiparadas às opiniões abalizadas do especialista em navegação ou do médico. Em contraposição, a democracia, posição aceita na Atenas de Platão, é apresentada como uma balbúrdia de vozes discordantes, cada uma gritando em favor de uma afirmação individual, egoísta, sem nenhuma compreensão especializada das necessidades do todo.

Democracia e burocracia

Platão vê a democracia como impositora de uma burocracia paralisante sobre os indivíduos talentosos. Aqui (*Político* 298c-299b) ele descreve satiricamente como seriam a navegação e a medicina se comandadas por uma democracia ateniense. Ele posteriormente admite que o controle democrático é útil como salvaguarda contra o abuso do poder em nosso mundo real.

ESTRANGEIRO: Supõe, pois, que considerando tudo isso tomemos em conselho a seguinte resolução: não será permitido a nenhuma dessas duas artes [navegação ou medicina] exercer controle absoluto sobre quem quer que seja, escravos ou homens livres; reunir-nos-íamos em assembleia, [...] permitindo aos incompetentes e pessoas de todas as profissões dar opinião sobre a navegação e as doenças, dizendo como devem ser aplicados os remédios e os ins-

> trumentos de medicina aos enfermos, como devem ser manobrados os navios e os instrumentos náuticos. [...] As decisões tomadas pela multidão [...] seriam escritas em colunas ou esteiras, [...] seriam elas o critério pelo qual se regulariam para sempre, e a partir de então, a navegação por mar e o tratamento dos enfermos.
>
> SÓCRATES, O JOVEM: As coisas que você diz são sumamente absurdas.
>
> ESTRANGEIRO: Anualmente seriam escolhidos chefes, quer entre os ricos ou entre o povo, por meio de sorteio; e os chefes escolhidos desse modo agiriam de acordo com a lei escrita, dirigindo os navios ou tratando os enfermos.
>
> SÓCRATES, O JOVEM: O que você diz é ainda mais incompreensível.
>
> ESTRANGEIRO: Considere agora o que segue. Quando cada governo houvesse terminado a sua gestão anual, seria necessário organizarem-se tribunais [...] e conduzir a esses tribunais os dirigentes que deveriam prestar suas contas; qualquer pessoa que desejasse poderia acusá-los de não haverem, no decurso desse ano, dirigido os navios de conformidade com a lei escrita. [...] A mesma oportunidade seria dada contra aqueles que trataram dos enfermos, e, aos condenados, os juízes fixariam as penas a aplicar ou a multa a pagar.
>
> SÓCRATES, O JOVEM: Muito bem! Os que aceitassem de bom grado governar em tais circunstâncias mereceriam, em plena justiça, essa pena e essa multa, fossem quais fossem.

Segundo Platão, a democracia é uma ameaça por rejeitar a ideia de que a sociedade deva ser governada pelo conhecimento especializado, e, desta forma, impede as mudanças que encorajariam as pessoas a pensar de maneira menos individualista. Ela puxa as pessoas talentosas para o nível mais baixo de compreensão comum. Por outro lado, no mundo como ele é, a burocracia e a divisão de poder que a democracia encoraja realmente evitam o abuso do poder por indivíduos descontrolados, desorientados, que somente se creem especialistas. Na fantasia da *República*, o poder absoluto é dado a pessoas perfeitas. Porém, em outras obras, nas quais Platão reflete mais sobre as condições concretas, o governante especialista

Figura 8. Descoberto em escavações na Ágora, o principal espaço público de Atenas, este é o fragmento de um *kleroterion*, ou "máquina lotérica", usado na distribuição dos cargos públicos ou participações em júris. A democracia ateniense fazia amplo uso de um sistema lotérico para decidir a ocupação dos cargos públicos, vendo-o como expressão da ideia de que qualquer cidadão tinha competência para as tarefas públicas. Eleições eram vistas como algo elitista, embora a importante comissão de dez generais fosse eleita. Em seu Estado idealizado em *Leis*, Platão aumenta o papel das eleições e reduz o da loteria.

permanece como um ideal, mas a democracia é aceita, sem entusiasmo, como a melhor opção de trabalho. Em *Leis*, as instituições da democracia ateniense são tomadas como base a ser modificada em uma direção de espírito comunitário; nenhum outro tipo de instituição é imaginado como ponto de partida. Para Platão, a democracia é a pior forma de governo, à exceção de todas as outras. Somente em um mundo ideal poderíamos fazer algo melhor e viver não somente uns ao lado dos outros, mas juntos, com vidas e ideais compartilhados. Platão é, como vimos, totalmente inflexível quanto ao comprometimento do indivíduo com a virtude, qualquer que seja o estado do mundo real. Mas ele também pensa, com alguma medida de esperança, que o mundo real poderia ser aprimorado em benefício da virtude.

Capítulo 6

Minha alma e eu

Problemas sobre a alma

No pensamento grego, a alma (*psyche*) é o que dá vida aos seres vivos (*empsucha*). Isso deixa aberta uma série de questões sobre a alma. Nossos corpos são animados; será aquilo que os anima também alguma espécie de corpo físico ou algo completamente distinto? No segundo caso, como compreender sua natureza? A alma é indissoluvelmente unida ao corpo que anima, de modo que na morte ela perece quando o corpo deixa de ser animado, ou poderia continuar existindo sob alguma outra forma? Serei eu o corpo animado ou devo na verdade ser identificado com a alma, e não com o corpo animado? Se for esse o caso, existe algum sentido em que *eu* possa sobreviver à morte, o termo final da animação do corpo?

Na época de Platão já se haviam dado várias respostas a essas perguntas, e suas obras parecem, a um primeiro olhar, oferecer também uma miríade de respostas, nem sempre coerentes. Em dois pontos ele sempre parece inequívoco. Sempre toma como ponto de partida a ideia de que a alma e o corpo são elementos diferentes. Na verdade, Platão é muitas vezes visto como um exemplo típico do dualismo, a ideia de que a alma e o corpo (nas versões modernas, mente e corpo) são espécies de entidade radicalmente diferentes. Ademais, Platão nunca duvida de que, quando eu pergunto o que eu realmente sou, a resposta será sempre que sou minha alma, e não meu corpo animado. Daí que Sócrates, em seu leito de morte, lembre brincando a seus amigos que eles não *o* enterrarão, mas somente seu corpo.

Sócrates no leito de morte

No *Fédon* (115c-116a), Sócrates prepara-se para beber a cicuta:

> – Mas como devemos sepultar você? – perguntou Críton.
> – Como quiser – disse Sócrates –; basta que segure de verdade e eu não lhes escape. – Depois, sorriu de mansinho e disse, olhando para o nosso lado: – Não consigo, senhores, convencer Críton de que eu sou o Sócrates que neste momento conversa com ele e comenta seus argumentos; toma-me por quem ele verá morto dentro de pouco. Por isso pergunta como deverá sepultar-me. Quanto ao que lhes tenho dito tantas vezes, que depois de beber o veneno não ficarei com os senhores mas irei compartilhar da dita dos bem-aventurados. [...] Importa você criar coragem e dizer que é meu corpo que vai enterrar; depois o sepulte como lhe aprouver e como lhe parecer mais de acordo com as leis.

Mas Platão parece oferecer respostas diferentes e às vezes conflitantes a outras perguntas sobre a alma. Às vezes, insiste que a alma é uma natureza simples, enquanto em outras passagens lemos que é dividida, que de fato tem partes que são metaforicamente representadas por figuras humanas e animais. Às vezes o que é essencial à alma parece ser seu poder de pensar e raciocinar; em outras, é o poder de movimentar a si mesma. E, embora Platão em geral defenda a ideia de que a alma é imortal e por conseguinte tem uma relação meramente provisória com o corpo, encontramos sugestões conflitantes sobre a natureza dessa relação. Às vezes a alma aparece como governante e diretora do corpo; em outras, como sua prisioneira infeliz e sem saída.

Não há uma explicação coerente, nem mesmo das mais vagas, que unifique tudo o que Platão diz sobre a alma. Alguns estudiosos apontaram para isso como evidência da evolução do pensamento de Platão, mas é difícil encontrar nele uma única linha de desenvolvimento. É mais natural encontrar em Platão várias linhas de investigação com temas em comum, mas nem sempre acabam levando para a mesma direção.

Simples ou complexa?

Um dos mais famosos trechos de Platão é sua divisão da alma em três "partes" ou aspectos na *República*. Sendo um corpo animado, eu funciono como uma unidade, mas contenho diferentes fontes de motivação, algo que fica claro quando elas entram em conflito. Platão imagina uma pessoa sedenta que deseja beber mas se contém, porque a bebida seria ruim para ela. (O motivo não é especificado; beber pode lhe ser nocivo de muitas maneiras diferentes.) Não se trata simplesmente do tipo de conflito que surge de se querer fazer duas coisas em um espaço de tempo que comporta somente uma delas. Na verdade, o conflito aqui é entre dois *tipos* diferentes de motivação; o desejo simplesmente vai para o que eu quero *agora*, sem pensar no que acontecerá mais tarde, enquanto a motivação para conter-se vem de uma percepção do que é bom para mim a longo prazo. Eis a *razão*, que me permite captar e entender a ideia da minha vida como um todo e que me motiva a orientar-me por essa percepção, especialmente opondo-me a desejos cuja satisfação me seria prejudicial.

A razão não é somente uma faculdade intelectual capaz de descobrir o que é melhor para a pessoa no cômputo geral, como alguém que tem uma vida contínua, um passado e um futuro. Ela também o motiva sem a ajuda do desejo. O desejo o move para conseguir seu objeto *aqui e agora*; a razão é o que faz você resistir a essa satisfação quando, tudo somado, aquilo não é o melhor para você.

O contraste entre os desejos de curto prazo e a motivação racional de longo prazo é bastante claro, mas Platão não o considera adequado como explicação do nosso comportamento como um todo. Há também *thumos*, que é traduzido alternadamente como "espírito", "a parte da paixão" etc. Distingue-se da razão pelo fato de que pode ser inarticulado, como em crianças e animais, e também pode entrar em conflito com os desejos. Platão abordou o ponto interessante de que podemos às vezes fazer prevalecer desejos específicos sem termos uma justificativa articulada para tal. Às vezes somos motivados por uma percepção do eu que é unificada e sensível a ideais e aspirações que entram em conflito com desejos específicos, sem que sejamos capazes de explicar racionalmente o fundamento disso. (Um dos exemplos de Platão: soldados que respondem à necessidade de seu país). Essa é a parte da alma onde encontramos as emoções, mais complexas e sensíveis à cognição do que os desejos, mas que ficam abaixo das capacidades reflexivas da razão.

Na *República*, a principal função da teoria das partes da alma é mostrar que a boa vida é aquela em que a razão governa toda a alma, permitindo que cada parte floresça como deveria. O governo da razão é justificado pela apreensão que ela tem do bem da pessoa como um todo, enquanto as outras partes apreendem apenas seus próprios bens e portanto geram disfunções caso estejam no comando do todo.

Encontramos esse mesmo modelo em *Fedro*, no qual a pessoa é representada como uma biga cujo condutor, a razão, tenta controlar a força de dois cavalos, um (o espírito) cooperativo e outro (o desejo) que tenta se rebelar e puxar a biga para a direção errada.

Embora o espírito e o desejo sejam aqui forças animais em conflito, descobrimos também que eles se comunicam pela linguagem. Platão os representa como cavalos falantes (um dos quais é surdo!). Ele está pensando nas partes da alma tanto como forças antagônicas com potências distintas quanto como aspectos de uma pessoa que são sensíveis à razão em graus variados. O espírito e o desejo são racionais o bastante para se comunicarem, mas não racionais o bastante para que sejam representados sob forma humana. No *Timeu*, as partes da alma se localizam em diferentes partes do corpo, de maneira que encoraja a razão (na cabeça) a dominar o espírito (no corpo superior) e o desejo (no corpo inferior).

Figura 9. A descrição presente em *Fedro* da alma como uma biga alada de dois cavalos, por mais estranha que seja, mostrou-se atraente para os artistas no decorrer dos séculos. Aqui a encontramos em um medalhão usado pelo sujeito de um retrato de busto feito por Donatello (1386-1466). Ele indica o interesse do retratado pelo platonismo renovado (muito influenciado pela escola neoplatônica da Antiguidade tardia), que exerceu influência na Itália renascentista.

Contudo, encontramos também em *Fédon* (78b-84b) e na parte final da *República* argumentos que na verdade baseiam-se na crença de que a alma é uma unidade *simples*. Ambos argumentos afirmam que a alma é imortal, e que isso seria impossível se sua verdadeira natureza fosse complexa. A ideia subjacente é que qualquer coisa composta de partes distinguíveis está sujeita à dissolução naquelas partes; e, se o que é tão vulnerável será por força dissolvido em algum momento, não pode ser imortal. (Essa ideia, é claro, pode ser contestada.) Como tal ideia se coaduna com a divisão da alma em "partes"? Visto que ambas aparecem num único diálogo, a *República*, é de se esperar que elas sejam reconciliáveis, e esse parece ser o objetivo da expressão "sua verdadeira natureza". O que faz a alma parecer dividida é sua associação com o corpo. É a encarnação da alma (uma relação problemática, como veremos) que explica como nossas motivações podem conflitar; a alma em si mesma não é afetada por divisões que derivam da natureza da nossa existência como corpos animados.

Se a verdadeira natureza da alma é não ser afetada pelo corpo, contudo, então o que sobrevive à morte de Sócrates? Não será o que animava o corpo vivo de Sócrates, e sim apenas os aspectos da alma que não são afetados pelo corpo. Será justificada a certeza de Sócrates de que *ele* sobreviverá?

Mente ou motor?

Platão costuma colocar a alma em oposição ao corpo; ao descrever nossa vida psicológica e busca pelo conhecimento, muitas vezes vê corpo e alma como forças antagônicas, sempre com desvantagem para o corpo. Esse é um dos motivos que explicam a atração de suas ideias para os ascéticos pais da Igreja, que interpretaram o contraste que há nas escrituras entre espírito e carne como o contraste platônico de alma e corpo em forte oposição; Platão, assim, teve um efeito drástico sobre a atitude do cristianismo ocidental em relação ao corpo.

Já vimos, contudo, que a alma não simplesmente se opõe ao corpo; quando ela anima o corpo, partes dela são de alguma maneira afetadas pelo corpo e se mesclam com ele. Portanto, embora Platão às vezes refira-se tão somente ao contraste comum entre o corpo e aquilo que o anima, noutras passagens o que ele tem em mente é o contraste entre o corpo *animado*, almado, e o aspecto da alma que não é afetado pelo corpo. Em alguns trechos sobre o conhecimento, esse contraste é desdobrado, transformando-se num contraste entre os sentidos e a alma; os sentidos nos dão informações, mas a alma é estimulada não só a receber e processar essas informações, como também a refletir sobre elas e ir além delas. Na *República* (523a-525b), a alma descobre que os sentidos nos dão informações contraditórias, e é estimulada a refletir sobre o que seria necessário para uma compreensão adequada do mundo. No *Teeteto* (184c-186e), Sócrates faz o jovem Teeteto descobrir por si mesmo que os sentidos sozinhos não podem explicar como nós não apenas absorvemos informações sensoriais como também as interpretamos e vamos além delas.

> ### Percepção, corpo e mente
>
> SÓCRATES: Diga-me o seguinte: os órgãos por intermédio dos quais você sente o quente e o seco, o leve e o doce, você os localiza no corpo ou em outra parte? [...] E não quererá, também, admitir que tudo o que sentes por meio de uma faculdade não pode sentir por meio de outra? Assim, o que é percebido por meio dos olhos não o será pelos ouvidos, e o contrário: o que você percebe pelo ouvido não perceberá pelos olhos.
> TEETETO: Como não hei de querer?
> SÓCRATES: E no caso de conceber, ao mesmo tempo, alguma coisa por meio desses dois sentidos, não poderá ter alcançado essa percepção comum nem só por meio de um nem por meio do outro?
> TEETETO: De jeito nenhum.
> SÓCRATES: E a respeito do som e da cor, não admite, inicialmente, que ambos existem?
> TEETETO: Óbvio.
> SÓCRATES: E também que cada um difere do outro, mas é igual a si mesmo?
> TEETETO: Como não?
> SÓCRATES: E que juntos são dois, e cada um em separado é apenas um?
> TEETETO: Isso também.
> SÓCRATES: E a semelhança ou dessemelhança entre eles, não é também capaz de investigar?
> TEETETO: Talvez.
> SÓCRATES: E por meio de que percebe tudo isso a respeito de ambos? Só por meio da vista ou só por meio do ouvido é que não poderá apreender o que têm em comum. [...] Mas por qual órgão se exerce a faculdade que lhe permite conhecer o que há em comum a todas as coisas e às de que nos ocupamos, para que de cada uma possa dizer que é ou

> não é, e tudo o mais acerca do que há pouco lhe interroguei? Para isso tudo, que órgão você quererá admitir que perceba as coisas que em nós percebe?
> TEETETO: Refere-se a ser e a não ser, semelhança e dessemelhança, identidade e diferença, e também à unidade e aos mais números que se lhe aplicam. Evidentemente, sua pergunta abrange, outrossim, o par e o ímpar e tudo o mais que lhes vem no rastro, desejando você saber por intermédio de que parte do corpo percebemos tudo isso com a alma. [...] Por Zeus, Sócrates; não sei como responder, salvo dizer que me afigura não haver um órgão particular para essas noções, como há para as outras. A meu parecer, é a alma sozinha e por si mesma que apreende o que em todas as coisas é comum.
> SÓCRATES: Teeteto, [...] prestou-me um excelente serviço ao me aliviar de uma exposição prolixa, se lhe parece realmente que algumas coisas a alma investiga por si mesma e outras por meio das diferentes faculdades do corpo. Era isso que eu pensava e o que queria que você também admitisse.
>
> (*Teeteto* 184e-185e)

É difícil organizar uma explicação geral coerente de exatamente que parte de nossos juízos sensoriais Platão atribui ao corpo e que parte atribui à alma trabalhando por meio do corpo, mas uma coisa fica bastante clara nessas passagens: a alma, aqui, é o que hoje chamaríamos de mente ou intelecto. Nossos recursos psicológicos incluem não só a capacidade de absorver as informações sensoriais sobre o mundo, mas também a capacidade cognitiva independente de unificá-las e nelas encontrar sentido. Ademais, o intelecto não é limitado à interpretação dos sentidos; suas reflexões o levam para além do que os sentidos fornecem e a descobrir objetos que ele é capaz de apreender sem os sentidos. Tal capacidade de operação independente da mente é muitas vezes colocada em oposição, nos termos mais veementes, à nossa experiência sensorial. Elas são vistas como competidoras pelo espaço e pela energia psicológicos, e a crença nos sentidos é depreciada como um cochilar passivo, enquanto, para a pessoa, acordar significa começar a usar a própria mente de maneira independente dos dados fornecidos pela experiência sensorial. Algumas das passagens mais vívidas de Platão denigrem o corpo e a ideia de fiar-se nele para o conhecimento: isso é chamado de sonho, em oposição ao despertar.

Um ponto importante e muitas vezes enfatizado sobre os objetos desse tipo de pensamento puro é que eles são estáveis e imutáveis. Eles são os objetos da matemática; são o que Platão chama de Formas, às quais retornaremos no capítulo seguinte. No *Fédon* há até mesmo uma passagem (78b-84b) na qual Sócrates enfatiza que a alma é análoga às Formas imutáveis, os objetos do pensamento puro que não são afetados por nenhuma das fontes de mudança no mundo de nossa experiência sensorial. A imortalidade da alma é inferida a partir de sua semelhança com seus objetos imutáveis, estáveis e simples – objetos do pensamento e intelecto puros.

Contudo, no *Fedro* (245c-246a) vemos que se diz que a alma é imortal, pois ela está sempre em movimento (ou passando por mudanças), e que o seu movimento nunca cessa, pois a alma move a si mesma, enquanto tudo mais é movido por ela. O argumento é "a alma é total", e isso introduz uma dificuldade: não fica claro se isso se refere a cada alma individual, ou à alma como um tipo de coisa – "alma" sendo usado como um termo geral, como "neve" ou "ouro", referindo-se não a individualidades, mas a quantidades ou proporções de alguma coisa. Certamente, quando encontramos ideias afins no *Timeu* e em *Leis* (893b-899d), descobrimos também que o mundo como um todo tem uma alma, da qual nossas almas são porções individuais; Platão, portanto, no mínimo moveu seu foco principal para longe da pessoa individual dotada de alma.

A ideia de que o que define a alma é a capacidade de mover a si mesma é profunda e interessante, e Aristóteles mais tarde a desenvolveria. É, afinal, um fato óbvio sobre as coisas vivas (em oposição ao que não tem vida) que suas fontes de movimento e mudança são internas. Além disso, com a ideia de que todos os outros tipos de movimento requerem algo que mova a si mesmos para explicá-los, Platão dá a partida em uma discussão que mais tarde levaria à ideia de Aristóteles de um motor *imóvel*. Está claro, no entanto, que, ao basear seu argumento da imortalidade da alma no fato de ela ser automotora, Platão está pensando em um outro aspecto da alma, não aquele no qual argumentou a sua imortalidade a partir da semelhança com os objetos imutáveis. Claramente é o nosso intelecto o que Platão toma por análogo a seus objetos imóveis, e essa não é a alma que está sempre em movimento. Além disso, esses não são apenas diferentes aspectos da alma individual encarnada. Pelo contrário, Platão explora duas ideias muito diferentes sobre o que distingue a alma do corpo. É a alma que me capacita a aspirar ao conhecimento que está além do que a experiência sensorial pode fornecer. Mas a alma é também uma porção de uma força cósmica que, em si mesma, está ativamente em movimento. Platônicos posteriores descobriram maneiras mais ou menos acadêmicas de reconciliar essas linhas de pensamento; Platão nunca o faz nos diálogos.

Soberana ou prisioneira?

A alma, como muitas vezes é descrita na obra de Platão, está para o corpo como o soberano para o súdito; é superior ao corpo e é seu princípio organizador. Soberanos precisam de súditos e (pensa Platão) vice-versa; esta parece ser uma relação estável, ainda que desigual. Porém nós também vemos, especialmente no *Fédon*, que devemos tentar nos "purificar" do corpo e que a filosofia, quando bem entendida, é uma preparação para a morte, a fuga final que a alma faz da prisão que é o corpo. O corpo é um mal que puxa a alma para baixo, atormentando-a com suas necessidades; a morte é uma libertação bem-vinda para a alma de sua infecção pelo corpo.

As contradições que encontramos aqui vêm antes da ênfase e da retórica do que da substância do que é dito. Platão sempre pensa que a alma e o corpo são entidades fundamentalmente dessemelhantes, e ele tem maneiras diferentes e muito vívidas de exprimir essa ideia. Uma é representar o corpo como um estorvo para a alma; outra é ressaltar que as atividades da alma guiam o corpo. São diferentes maneiras de ressaltar o que, por bons motivos, veio a ser chamado de "dualismo platônico": a ideia de que a alma e o corpo são tipos de entidade tão distintos que a relação entre eles é problemática e de difícil compreensão. Mas Platão torna as coisas mais difíceis para nós – e para si mesmo – do que seria necessário, ao não conseguir se concentrar somente na questão de onde a linha que separa a alma do corpo deveria ser traçada. Como já vimos, em algumas vezes o contraste se dá entre o corpo a ser animado e aquilo que o anima; em outras, entre o corpo animado e as funções intelectuais ou um poder de automoção, pertencente à alma acima e independentemente de sua encarnação. Devido a essa linha se mover, e também devido à inconstância da concepção platônica sobre a natureza da alma, encontramos descrições tão divergentes da relação alma-corpo.

Reencarnação, mito e argumentação

Um dos temas mais destacados nos diálogos é que a alma sobrevive à morte da pessoa; mas já vimos que não fica claro o que é essa alma. Especialmente onde a ênfase está sobre deixar o corpo para trás, é difícil ver como o que sobrevive poderia ser a alma individual – a alma de Sócrates, digamos –, pois tudo concernente à história de Sócrates como um indivíduo encarnado terá sido perdido. Como pode a alma de Sócrates reter sua individualidade, se não retém nada de sua história pessoal?

Platão debate-se com essa questão sem resolvê-la. Em alguns diálogos, há histórias de um julgamento pós-morte, com recompensas para vidas virtuosas e punições para os iníquos. Sobre recompensas e punições, além disso, diz-se terem efeito em relação às vidas futuras que a alma terá num estado de encarnação. Às vezes temos uma história completa de reencarnação, as vidas presentes sendo o fruto de vidas passadas e tendo em si mesmas consequências para as vidas futuras. Tudo isso pressupõe que uma alma individual pode continuar sendo a mesma ao longo de muitas vidas, sendo aperfeiçoada ou degenerada como resultado delas (embora não, é claro, consciente delas quando encarnada).

A importância dessas histórias de julgamento e reencarnação em Platão é uma questão muito polêmica. Alguns aclamaram esses "mitos" narrativos como invocações poéticas de insights que vão além da argumentação; outros os viram como maneiras de introduzir ideias que a argumentação é incapaz de abarcar. É provável que nem todas tenham o mesmo tom ou função. Algumas parecem irônicas (especialmente quando descrevem os humanos como reencarnados na forma de animais), outras bastante sérias.

Devemos lembrar que Platão evita apresentar suas ideias como dogmas, na forma de tratado; ele se utiliza de diversas estratégias para ser indireto. Claramente, a ideia de um julgamento pós-morte era importante para ele, como também a ideia de uma vida como um resultado de como outra vida foi conduzida. As histórias que ilustram essas ideias podem ser interpretadas como maneiras vívidas de ressaltar a importância ética de nossa vida atual, ou indicando – embora não argumentando a favor de – uma visão metafísica específica da alma e do eu.

Ainda, é claro, podem ser interpretadas como as duas coisas ao mesmo tempo. O estilo de escrita de Platão delega ao leitor a tarefa de extrair ideias de diferentes diálogos, juntá-las e decifrar o que ele pensava sobre uma determinada questão. Isso pode nos frustrar, principalmente no caso de suas opiniões sobre a alma. Ficaremos menos frustrados se pensarmos nele como proponente de diversos tipos de respostas, a cada vez que volta à questão da natureza da alma. Platão nunca duvida de que a alma é algo tão diferente do corpo que a relação deles torna-se problemática. Tampouco duvida de que a alma é imortal – de que de alguma maneira o que realmente sou não é dado pelos limites da minha vida humana encarnada. Suas investigações sobre a natureza da alma de modo algum vão na mesma direção, porque Platão, embora adira firmemente a alguns pontos, segue mais de um argumento sobre a alma até suas últimas consequências e procura a verdade sobre questões difíceis em vez de tentar chegar a uma posição acabada e bem-ordenada.

Capítulo 7

A natureza das coisas

Caos e ordem

O mundo natural, apesar das rupturas, exibe um grau formidável de ordem e regularidade. Para Platão, o melhor modelo para entendê-lo é pensá-lo como um produto fabricado por um artesão, que fez o melhor trabalho que pôde impondo ordem a materiais habitualmente ingovernáveis.

No *Timeu*, Platão descreve a criação do mundo como um trabalho de um Artesão divino, que trabalha com base num modelo – um sistema de princípios racionais que se incorporarão em materiais para produzir um resultado unificado. Na medida em que pode se ver no mundo uma demonstração de estrutura racional, é possível compreendê-lo como obra da Razão; na medida em que é incorporado em materiais que restringem a razão e tornam as imperfeições possíveis, temos de levar em conta os efeitos do que Platão chama "necessidade" – o jeito que as coisas simplesmente têm de ser, quer haja uma boa razão para tal ou não.

A explicação de Platão, com detalhes extravagantes e muitas vezes obscura, levanta uma série de questões sobre aquilo que chamaríamos de sua metafísica. O Artesão divino cria um mundo *bom*; por quê? A matemática cumpre um papel importante na descrição que se faz no *Timeu* da estrutura do mundo; que papel isso cumpre na visão de Platão – tanto do mundo quanto do tipo de conhecimento que podemos obter dele? E, por fim, o *Timeu* dá destaque a uma das mais famosas ideias de Platão: que o mundo real não é, como acriticamente consideramos ser, aquilo que está à nossa volta, sobre o qual nossos sentidos nos informam; o mundo real é, na verdade, o que apreendemos com o pensamento quando exercitamos nossas mentes na argumentação filosófica abstrata, especialmente nos argumentos que levam ao que Platão chama de Formas.

O *Timeu* foi considerado a peça central do pensamento metafísico de Platão até o século XIX, quando a obsessão com a teoria política platônica colocou em seu lugar a *República*, até hoje a obra mais lida do filósofo. Como muitas vezes acontece com Platão, ambas as obras são importantes e dão destaque a diferentes aspectos de seu pensamento, estimulando tanto a unificação quanto o contraste.

Deus e bondade

O Deus Artesão fez o melhor mundo possível porque ele é bom (*Timeu* 29d-30c) e portanto queria que sua obra fosse a melhor possível. E, sendo livre do ciúme, porque é bom, queria que o mundo, sendo tão bom quanto pudesse ser, fosse o mais parecido com ele quanto possível.

Ao nos deparar com essa ideia sob a influência de 2 mil anos de monoteísmo (judaísmo, cristianismo, islamismo), podemos não achar surpreendente a noção de que Deus é bom e de que sua criação é boa porque ele é bom. Aqui devemos lembrar duas coisas. Em primeiro lugar, Platão está assumindo uma posição isolada em sua própria cultura. Além disso, mesmo assim a posição de Platão é, num aspecto importante, ainda mais fraca do que as crenças monoteístas a que estamos acostumados.

A religião popular antiga – formas diversas de politeísmo – não afirmava que Deus (ou os deuses) era bom. Isso lhe teria parecido uma crença ingênua e infundada; as forças divinas, super-humanas, no mundo e nos humanos parecem apresentar uma mistura de bem e mal. Os deuses gregos da religião popular são capazes de atos mesquinhos e destruidores. Eles são, ademais, extremamente ciumentos no que diz respeito aos humanos.

A ideia de Platão de que Deus é bom e só cria o bem o aliena definitivamente da religião popular. Ele nunca rejeita as manifestações e as práticas da religião que conhece, mas desenvolve uma teologia que está em radical desacordo com a compreensão que a maioria das pessoas tem daquela religião. Na *República*, insiste em que os deuses são responsáveis somente pelo que é bom e aceita que em uma sociedade bem organizada isso exigirá uma censura radical da maioria das histórias populares que se contam sobre os deuses. (Como vimos, Platão não se importa em suprimir o lado criativo e imaginativo das pessoas – nesse caso, sobre o divino.)

Em *Leis*, ele vai além. Embora a religião pública continue sendo a de uma cidade-Estado grega comum, são introduzidas medidas repressivas que não encontram paralelo no mundo pagão antigo. Os cidadãos não deverão ter nenhum altar ou devoção particulares; os rituais públicos normais serão os únicos dos quais tomarão parte. E importa não só o que eles fazem, mas no que acreditam; todos os cidadãos devem acreditar que realmente há deuses, que esses deuses cuidam dos humanos e que eles não podem ser subornados para fazer vista grossa às transgressões. Os cidadãos que negarem essas crenças serão reeducados, ou, se os persuadir for impossível, executados. Platão está sozinho entre os filósofos antigos ao defender que é importante para todos ter as crenças certas sobre Deus (ou os deuses) e dá destaque à crença de que Deus é responsável somente pelo bem, e não pelo mal.

Nenhum outro filósofo antigo rejeita a tal ponto a religião popular, e não é surpresa que os pensadores cristãos antigos tenham considerado Platão, de longe, o mais aceitável dos filósofos pagãos. Sua preocupação com as crenças das pessoas comuns sobre Deus (ou os deuses) era tão importante para eles quanto a insistência de que Deus (ou os deuses) é bom, e de modo algum mau.

Contudo, há uma barreira separando Platão dos judeus e cristãos que vieram depois, que tomaram para si grande parte de sua filosofia e particularmente gastaram quantidades imensas de energia tentando assimilar o *Timeu* à história da criação no *Gênese*.

Figura 10. O Deus cristão como o Artesão de Platão. O *Timeu* exerceu grande influência durante a Idade Média. Nessa ilustração da primeira metade do século XIII, Deus Pai desenha o mundo usando compassos, que eram empregados na construção civil da época. Aqui a história da criação judaico-cristã é claramente vista nos termos do Artesão divino de Platão produzindo o nosso mundo por meio da imposição da ordem matemática a materiais insubordinados.

O Deus de Platão é um artífice que faz o melhor que pode com os materiais com que tem de trabalhar; ele cria ordem a partir do caos, mas não cria as matérias-primas do nada. (Uma tradição já antiga na filosofia grega afirmava que a criação a partir do nada era uma ideia incoerente.) Como resultado disso, Platão não tem de enfrentar o "problema do mal" que incomoda a tradição judaico-cristã; se Deus cria o mundo a partir do nada, então por que cria o mal como parte dele? O Deus de Platão é um criador no mesmo sentido que um artesão é um criador; ele faz o produto, que é excelente, mas não é responsável pelos efeitos da "necessidade", as inevitáveis imperfeições dos materiais.

Matemática e conhecimento

No *Timeu* se coloca uma grande ênfase na natureza matematicamente calculável dos movimentos dos corpos celestes, mesmo aqueles que aparentam ser irregulares. Platão também defende a opinião, à época bastante conhecida, de que existem quatro elementos básicos, mas acrescenta que suas transformações mútuas são devidas às diferentes formas geométricas em sua estrutura subjacente. De acordo com Platão, é essencial que a matemática seja a chave para que o nosso mundo seja ordenado.

Em muitos diálogos, a matemática é um modelo importante para a compreensão do conhecimento. Às vezes, especialmente nos diálogos mais curtos, nos quais Sócrates aparece examinando diversos tipos de virtude, o modelo para a obtenção do conhecimento é o de ter uma habilidade ou especialidade, e o que está em questão é o conhecimento *prático*. Não obstante, surgem algumas condições que para Platão sempre são válidas para o conhecimento (como discutimos no capítulo 1). O conhecimento pode ser comunicado, e o possuidor do conhecimento pode "prestar contas", explicar e justificar o que sabe. E o conhecimento requer o uso da mente para pensar por si próprio sobre as coisas, em vez de tomar para si opiniões de segunda mão sem examiná-las. Em constraste, as crenças, mesmo que verdadeiras, são inferiores em pelo menos dois aspectos. Elas podem ser criadas pela "persuasão", técnicas para gerar convicção que contornam a explicação e a justificação, e resultam na posse de uma opinião sem compreensão. O possuidor de conhecimento, por outro lado, compreende o que conhece e pode "prestar contas" disso. Em algumas obras, Platão considera essa prestação de contas comparável à enunciação que um especialista seria capaz de fazer de sua especialidade prática.

A matemática, contudo, assume o papel de modelo no qual Platão enfatiza duas características do conhecimento. Uma é a ideia do conhecimento como algo *estruturado*, não somente uma massa de informações, mas um sistema organizado de verdades básicas e outras que delas derivam. Para Platão, esse ideal de sistematização, permitindo a distribuição do que havia para ser compreendido, pode ser visto na geometria, o ramo mais desenvolvido da matemática que ele conhecia. Na geometria, podemos discernir os pontos de partida, os resultados derivados e uma explicação transparente de como eles foram derivados. Esse ideal de conhecimento aparece no *Mênon* e no *Fédon*, mas sua versão mais ambiciosa está nos livros centrais da *República*. E em obras como *Timeu* e *Filebo* vemos Platão insistir que é a matemática que nos fornece tudo o que há de organizado e confiável em nosso conhecimento.

O segundo e impressionante argumento sobre a matemática usa, simplesmente, seus objetos. Quando aprendemos o teorema de Pitágoras, estamos captando algo em nosso pensamento que não é tornado verdadeiro (ou falso) pelos diagramas específicos que desenhamos para ilustrá-lo; quaisquer irregularidades nesses diagramas são irrelevantes para a verdade matemática. Embora isso não se encontre no mundo da experiência, é um conhecimento certo; uma vez provado, sabemos que é verdade. Está claro que Platão ficou muito impressionado com esta característica da matemática: não só podemos ter certeza dos resultados que provamos, como também podemos perceber que é somente exercendo um certo tipo de pensamento abstrato que somos capazes de compreendê-los. Aprendemos que as evidências de nossos sentidos podem ser irrelevantes para os resultados que podemos provar por meio do pensamento, resultados que podem até contradizer os dados dos sentidos. Para Platão esse é o começo da sabedoria filosófica, a maneira correta de pensar por nós mesmos sobre as coisas. Embora suas opiniões sobre o conhecimento variem e ele às vezes pense que podemos conhecer objetos de experiência (compare com o capítulo 1), Platão é receptivo à ideia de que o progresso em direção ao conhecimento começa de verdade quando passamos a encarar o mundo da nossa experiência como irrelevante e a reconhecer que é o pensamento abstrato que produz a compreensão. A matemática, como exemplo excelente desse progresso, teve poderosa influência sobre Platão.

Contudo, tanto em seus objetos quanto em seu método de raciocínio, a matemática é em si inferior – e portanto simplesmente um bom treino – ao pensamento praticado pelas pessoas que Platão chama de filósofos.

As Formas

Os filósofos, de acordo com Platão, empregam um tipo de raciocínio que ele chama de *dialético*. Sua descrição do que seja isso varia dramaticamente em diferentes obras, mas um aspecto é constante: ele se desenvolve na *dialegesthai*, na discussão. A filosofia sempre envolve argumentação e discussão, idealmente com outras pessoas, e exige que você seja capaz de defender sua posição contra os argumentos dos outros. Não fica claro quais seriam os melhores métodos para os filósofos, e é aqui que encontramos as maiores variações, mas novamente Platão está sempre certo de que o pensamento filosófico é superior a todos os outros. Até mesmo os matemáticos não compreendem de verdade seus próprios resultados; são os filósofos que os utilizam e examinam para dar sentido a eles e estabelecer o tipo de justificação que requerem. A essa concepção de filosofia, que parece um tanto arrogante a outras pessoas, muitos filósofos aspiram, a despeito de períodos nos quais a filosofia foi restringida antecipadamente ao papel de responder às descobertas da ciência ou da teologia.

O aspecto mais famoso da visão que Platão tem da filosofia é sua afirmação de que o pensamento filosófico capta o que ele chama de "Formas" (embora ele não empregue um termo técnico, muitas vezes usando uma expressão idiomática grega, "o F em si mesmo", que em tradução pouco nos diz). Algumas vezes sua filosofia é apresentada como se as Formas fossem seu cume e eixo central, o que é um tributo ao poder da ideia, visto que Platão, fiel à sua maneira de escrever em diálogo, não tem nenhuma enunciação constante de qualquer "teoria" das Formas. As Formas aparecem em vários pontos nos diálogos como uma ideia já conhecida de Sócrates e de outros, mas não há uma introdução explícita sobre tal ideia que se supunha tão notória. Na primeira parte do *Parmênides*, contudo, seis objeções sérias são levantadas às Formas, chegando-se à conclusão de que a ideia é boa, mas precisa ser mais bem trabalhada para se tornar viável.

As aparições indiretas e escassas das Formas não impediram os leitores de construir uma "teoria das Formas" a partir dessas poucas passagens e do confronto (bem ou malsucedido) dessa teoria com as próprias críticas que Platão lhe faz. Isso provavelmente é o que Platão queria que fizéssemos, mas devemos ter cuidado antes de afirmar qualquer coisa de definitivo ou peremptório sobre uma ideia que é deliberadamente apresentada de modo tão fugidio.

No *Timeu*, as Formas são apresentadas de maneira muito vaga, como decorrentes de nosso reconhecimento das diferenças entre conhecimento e opinião verdadeira. (Platão, devemos observar, não considera a opção de que a nossa concepção do conhecimento possa não corresponder a coisa alguma; ele presume que o conhecimento que aspiramos a ter é, ao menos teoricamente, obtenível.) Isso, contudo, deixa em aberto a questão de que tipo de coisa as Formas são, e as análises de Platão não são facilmente unificáveis.

No próprio *Timeu* as Formas funcionam como protótipos para que o Artesão fabrique o nosso mundo. As coisas do nosso mundo – espécies e tipos de coisa e os quatro elementos primários – são encarnadas na matéria e espacialmente situadas (Platão é muito obscuro nesse ponto, pelo que foi criticado por Aristóteles) e, o que é muito importante, elas "vêm a ser", enquanto as Formas "são, sem vir a ser". Essa é a importante diferença metafísica entre as Formas, de um lado, e, de outro, os objetos à nossa volta, dos quais se diz que "participam das" Formas, ou que são "representações" ou "imagens" delas. Tal diferença é enfatizada com vigor também em *Fédon*, *República* e *Banquete*, em algumas das passagens mais memoráveis de Platão. Mas nem sempre vemos a mesma resposta à pergunta do que seja o "vir a ser" dos objetos do nosso mundo, e, analogamente, quais itens "participam" das Formas.

As Formas

TIMEU: Tendo nós estabelecido esses limites mais precisos no nosso discurso, temos que tecer considerações sobre esses assuntos. Será que algum fogo é em si e, quanto a todas as coisas de que sempre falamos, será que alguma delas é em si? Ou será aquilo que vemos, e todo o resto que sentimos por meio do corpo, a única coisa que é real, e não existe outra além disso, de modo nenhum e em nenhuma circunstância? Mas será em vão cada vez que dizemos que há uma ideia inteligível de cada coisa, não sendo tudo isto nada senão palavras?

Por um lado, não nos é permitido deixar a questão que temos à nossa frente por julgar e por decidir, pois merece que o façamos, nem abandoná-la, afirmando com certeza que é assim; mas, por outro lado, não podemos inserir um longo discurso acessório ao lado de outro que já é longo. Porém, se, ao estipularmos um limite, focássemos aspectos decisivos em pouco tempo, seria extremamente oportuno. No que me diz respeito, é esse o sentido do meu voto. Se a intelecção e a opinião verdadeira são dois gêneros, pois têm em si modos de existir independentes, teremos

> ideias que não podem por nós ser sentidas, mas somente inteligidas. Mas se, como a alguns parece, a opinião verdadeira não difere em nada da intelecção, devemos estabelecer que tudo quanto é apreendido pelos sentidos do nosso corpo é o que de mais seguro existe. Ainda assim, temos que afirmar que se trata de duas coisas distintas, pois elas são geradas separadamente e têm uma existência dessemelhante: uma delas é gerada em nós por meio da aprendizagem e a outra o é pela persuasão. Além disso, a primeira é sempre acompanhada de uma justificação verdadeira, enquanto a segunda é desprovida de justificação. Uma não se move pela persuasão, enquanto a outra está aberta a ela. Devemos também dizer que todos os homens tomam parte em uma, mas na intelecção só tomam parte os deuses e um reduzido tipo de homens.
>
> (*Timeu* 51b-e)

Uma resposta surpreendentemente comum é em definitivo errada, qual seja, a de que há uma Forma para cada palavra que aplicamos a uma série de indivíduos, e portanto uma Forma para cada termo geral (transformando as Formas no que mais tarde se chamaria de universais). Essa opinião é baseada num erro de tradução de uma passagem da *República* (596a), que na verdade diz que, onde houver uma Forma, há somente uma. O princípio de uma Forma para cada termo geral seria completamente banal e tornaria desconcertante o porquê de as Formas serem objetos do entendimento, itens em que temos de usar nossas mentes, com esforço, para compreender. Ademais, ele contraria a firme opinião de Platão de que o nosso uso da linguagem inclui convenções e preconceitos, e que sozinho não serve de bom guia em direção à verdade filosófica (*Crátilo*, *Político* 262-3).

Os "participantes" "vêm a ser", ao passo que as Formas "são". Uma das maneiras das coisas virem a ser é a mudança; num momento uma coisa tem uma propriedade e mais tarde passa a ter outra, e pode até chegar a ter uma propriedade que exclui a original ou lhe é contrária. Certamente não é difícil encontrar passagens em que Platão enfatiza a mutabilidade do mundo que experienciamos à nossa volta, contrapondo-a à imutabilidade das Formas. E isso tem ligação com o entendimento; compreendemos melhor o que é alguma coisa se não somos obrigados a caracterizá-la de uma forma que tem de ser modificada na medida em que esta coisa muda. (E uma característica da matemática é que suas verdades não mudam com o tempo). Mas o simples fato de que as coisas à nossa volta mudam é uma razão notavelmente fraca para que se insista em sua inferioridade metafísica em relação às coisas que não mudam. Felizmente, essa não é a única razão de Platão.

Mais interessante é o "argumento a partir de opostos", que é a maneira mais importante de discussão das Formas no *Fédon*, na *República* e no *Hípias maior*. Concentra-se na ideia de que, embora possamos fazer uma afirmação verdadeira de que alguma coisa no mundo de nossa experiência é F para alguma propriedade F, é possível também encontrar alguma perspectiva a partir da qual podemos afirmar com verdade que é o oposto de F. Pedaços de pau que são iguais, digamos, em comprimento, são também desiguais em, digamos, largura; uma garota que, comparada a outras garotas, é bonita, não é atraente se comparada a uma deusa; uma ação que é certa por ser o cumprimento de uma promessa é também errada por ser irresponsavelmente perigosa; e assim por diante. Às vezes a perspectiva da qual encontramos a propriedade oposta a F é artificial, mas o ponto é que ela sempre pode ser encontrada. Portanto, nenhum dos itens no nosso mundo da experiência pode ser real ou verdadeiramente F – F de uma forma que exclua de todas as maneiras o seu oposto. Mas nós de fato temos uma compreensão do que é alguma coisa ser real e verdadeiramente F, pois isso é o que compreendemos quando entendemos o que é ser F. Então vemos que os objetos do nosso entendimento não são os objetos do mundo da nossa experiência, que podem sempre se mostrar ser o oposto de F assim como F, mas sim "o F em si mesmo", a Forma que captamos com o pensamento quando entendemos o que é ser F.

Esse argumento mostra por que Platão liga a diferença entre ser e vir a ser tão proximamente à diferença entre conhecimento e opinião. Também concede um papel à ênfase de Platão sobre a mudança, já que a transformação de uma coisa é claramente uma maneira pela qual pode-se mostrar F de uma perspectiva e o oposto de F a partir de outra. O que causou mais dificuldades é que o argumento a partir dos opostos produzirá Formas, obviamente, somente para ter-

Figura 11. Platão e Aristóteles, da *Escola de Atenas*, de Rafael.

Figura 12. São Justino Mártir, da *Discussão do Santíssimo Sacramento*, de Rafael.

mos que possuam opostos, mas que, embora Platão às vezes pareça percebê-lo (e de fato usá-lo como fundamento), em outros momentos ele expande a "amplitude" das Formas sem argumentos.

Esse problema é um dos muitos que restam em nossas mãos, junto com as seis objeções do próprio Platão, quando tentamos reunir todos os seus pontos de vista sobre as Formas. Platão não afirma ter uma versão final. Ele faz um respeitado filósofo mais velho dizer a Sócrates, no *Parmênides*, que o trabalho adicional de que a teoria precisa será encontrado na prática da argumentação, e este é, sem dúvida, o conselho que Platão nos dá.

Uma imagem famosa de Platão

Uma das imagens mais famosas e mais reproduzidas de Platão vem do afresco de Rafael *A escola de Atenas*, pintado para a biblioteca do papa Júlio II. Esse retrato da filosofia antiga é bastante influenciado pela revitalização do platonismo na Renascença e dominado pelas figuras de Platão, que traz o *Timeu* em uma das mãos e aponta para o alto com a outra, enquanto Aristóteles, trazendo a sua *Ética*, olha para a mão erguida de Platão, mas também gesticula para a frente. Os gestos contrastantes indicam que Aristóteles está mais interessado em entender o mundo à nossa volta em termos de princípios filosóficos, enquanto Platão está, mais austeramente, concentrado nos próprios princípios abstratos e teóricos. No afresco há uma grande ênfase sobre a matematização do *Timeu* da estrutura subjacente do mundo. Platão é mostrado entre Pitágoras e Euclides, e suas feições não são as dos antigos bustos, mas as de um matemático contemporâneo, Leonardo da Vinci. No Renascimento, Platão também foi importante como o filósofo que mais influenciou o cristianismo. Na parede oposta, o retrato que Rafael faz da Trindade é muito influenciado por escritores neoplatônicos contemporâneos. São Justino, filósofo platônico do século II d.C., que se converteu ao cristianismo e foi martirizado, repete o gesto de Platão para o alto ao apontar em direção à Encarnação. No plano do papa Júlio, a maior realização da filosofia pagã reaparece em escala reduzida na representação das ideias centrais do cristianismo.

Conclusão: filosofia

O japonês Noburu Notomi, especialista em Platão, observou que, quando a filosofia ocidental foi introduzida no Japão, no século XIX, uma nova palavra ("tetsugaku") foi inventada para designá-la, pois, embora os diversos ramos daquilo que chamamos filosofia (cosmologia, lógica, pensamento moral e político, por exemplo) tivessem sido amplamente desenvolvidos nas tradições intelectuais orientais, tais estudos não haviam sido unificados sob a denominação "filosofia". Eles tampouco foram sempre unificados nas tradições intelectuais do ocidente, e Notomi está em boa companhia ao considerar Platão o primeiro pensador para quem a filosofia é um empreendimento unificado, a ser definido e defendido dos adversários como o caminho para procurarmos entendimento e sabedoria. Platão foi o primeiro a institucionalizar a filosofia (cunhando a palavra "Academia") e a pensar nela como algo que requer tanto uma busca sistemática da verdade quanto uma subordinação radical à argumentação com outras pessoas e consigo mesmo. Não é surpreendente que ele tenha deixado um legado dividido de dogmatistas e questionadores céticos, ou que seus diálogos tenham se prestado, no decorrer de 2 mil anos, às mais diferentes interpretações. Pois, no final das contas, sua mensagem mais profunda não é que devemos acreditar nas Formas ou na importância da virtude, mas que devemos nos unir a ele, e a nossos contemporâneos, na aspiração ao entendimento desses assuntos.

REFERÊNCIAS

Capítulo 1

A questão discutida com relação ao trecho sobre o júri no *Teeteto* foi levantada claramente pela primeira vez, com devida ênfase em sua importância, por Myles Burnyeat em "Socrates and the Jury: Paradoxes in Plato's distinction between knowledge and true belief", *The Aristotelian Society* Supplementary volume LIV (1980), 173-91.

Capítulo 2

Alice Riginos, em *Platonica*, coletânea das anedotas em torno da vida e dos escritos de Platão (Brill, Leiden, 1976), mostra a debilidade das tradições antigas sobre Platão. (Ver p. 64-9 para histórias sobre o Egito; p. 9-32 para a "natureza apolínea" de Platão; p. 35-40 para o nome de Platão; e p. 70-85 para o envolvimento de Platão com a política.) Para detalhes sobre a família de Platão, ver J.K. Davies, *Athenian Propertied Families* (Oxford University Press, 1971). Para Sócrates, ver C.C.W. Taylor, *Sócrates*, na série L&PM Pocket Encyclopaedia, e também os artigos em Paul Vander Waerdt (ed.), *The Socratic Tradition* (Cornell University Press, 1994).

Capítulo 3

Ver Andrea Nightingale, *Genres in Dialogue: Plato and the Construct of Philosophy* (Cambridge University Press, 1995), para a distinção que Platão estabelece entre a filosofia e outros gêneros literários.

O Comentador Anônimo do *Teeteto* (citado na coluna 54, 38-43) é um platônico dogmático que aqui registra o ponto de vista dos céticos acadêmicos. A datação é incerta, e talvez ele tenha vivido entre o século I a.C. e o século II a.C. Plutarco de Queroneia é um escritor platônico dogmático do século II d.C., famoso por suas biografias históricas, que nutria simpatia pela tradição cética. A citação de Cícero vem de *Acadêmicas* II 46; a de Sexto vem de *Outlines of Scepticism* I 221-3.

Para uma introdução aos "estudos sobre Atlântida", ver Richard Ellis, *Imagining Atlantis* (Nova York, Random House, 1998).

Capítulo 4

Para Agostinho, ver *Cidade de Deus*, Livro VIII, especialmente o capítulo 5. Os estudos sérios recentes sobre a homossexualidade antiga começam com *Greek homosexuality* (Londres, Duckworth, 1978), de J.K. Dover. Para uma discussão atualizada, ver James Davidson, *Courtesans and Fishcakes: The Consuming Passions of Ancient Athens* (Londres, Fontana, 1998).

The Invention of Love, de Tom Stoppard, foi publicada por Grove Press, Nova York (1997).

Capítulo 5

As suposições de Platão sobre a felicidade ficam claras no *Eutidemo* e no *Filebo*, embora ele não as articule de forma tão explícita quanto seu discípulo Aristóteles faria posteriormente em sua *Ética a Nicômaco*. No *Eutidemo* está a maior passagem em que Platão desenvolve a ideia de que é o uso das coisas que importa, e que em si mesmas elas não têm valor; uma versão modificada disso pode ser encontrada nos dois primeiros livros de *Leis*. *Apologia*, *Críton* e *Górgias* são as fontes principais para o compromisso intransigente de Sócrates com a posição de que a virtude é suficiente para a felicidade. As opiniões de Platão sobre educação e a relação do indivíduo com a comunidade e com a sociedade política são encontradas em *Político* e em *Leis*, assim como em outro livro mais conhecido, a *República*, cujo "Estado ideal" foi interpretado literalmente – e recebeu ênfase demasiada – por muitos intérpretes.

Capítulo 6

Os argumentos de Platão sobre a alma são encontrados em sua melhor forma em *Fédon*, *República*, *Fedro* e *Leis*. Uma coletânea de artigos recentes que constitui uma boa introdução às grandes questões é *Essays on Plato's Psychology*, editada por Ellen Wagner (Lexington Books, 2001).

Capítulo 7

O difícil diálogo *Timeu* é traduzido por Donald Zeyl e precedido por uma longa introdução sua (Hackett, Indianápolis, 2000). Uma breve introdução a questões importantes na abordagem de Platão à cosmologia é a de Gregory Vlastos, *Plato's Universe* (Oxford University Press, 1975). Argumentos sobre as Formas e sobre o conhecimento são abordados em artigos reimpressos em *Plato* I, de Gail Fine (ed.) (Oxford University Press, 2000). A metafísica e a epistemologia de Platão são o assunto de grande parte da literatura introdutória mencionada em "Leituras complementares".

O comentário de Noburo Notomi é da introdução de seu livro, *The Unity of Plato's Sophist* (Cambridge University Press, 1999). Em meu livro *Ancient Philosophy: A Very Short Introduction*, no capítulo 6, falo um pouco mais da filosofia no mundo antigo e sobre o papel de Platão no estabelecimento da filosofia como um campo independente.

LEITURAS COMPLEMENTARES

Muitas coletâneas recentes destacam problemas de método na leitura de Platão, incluindo Charles Khan, *Plato and the Socratic Dialogue* (Cambridge University Press, 1996); C. Gill e M.M. McCabe (ed.), *Form and Argument in Later Plato* (Oxford University Press, 1996); J.C. Klagge e N.D. Smith (ed.), *Methods of Interpreting Plato and his Dialogues*, *Oxford Studies in Ancient Philosophy* Supplementary Volume, 1992; J. Annas e C.J. Rowe (ed.), *New Perspectives on Plato, Modern and Ancient* (Harvard University Press, 2002).

Há muitas introduções curtas a Platão em obras de referência famosas. (Os artigos sobre Platão no novo *Oxford Classical Dictionary* e em *Greek Thought: A Guide to Classical Knowledge*, da Harvard University Press, foram escritos por mim.)

Cambridge Companion to Plato, editado por Richard Kraut, é uma introdução útil a variados aspectos de Platão e traz boas referências bibliográficas, tanto de diálogos individuais quando de tópicos platônicos. O *Plato* de Christopher Rowe é um bom estudo de média extensão. *Greek Thought*, de Christopher Gill, fornece um excelente pano de fundo para a compreensão do pensamento ético e social de Platão. *On Ideas*, de Gail Fine, é um exame rigoroso dos argumentos a favor das formas platônicas e das críticas de Aristóteles a elas.

Índice Remissivo

A

Academia 25, 29, 30, 40-42, 55, 98
   após a morte de Platão 40
   estudantes disfarçadas de homem 55
   Nova 42
Adeimantus (irmão) 19
advogados 9
alma individual encarnada 80
alma (*psyche*) 71
amor 31, 41, 49-53, 55, 56, 58
amor heterossexual 53, 58
amor platônico 50, 58
amor romântico 52, 53
Antífon (meio-irmão) 19
Antigo Testamento 86
Antístenes 27
Apolo, deus 23
Apologia (Platão) 26, 35, 43, 61, 100
Arcesilau 40
argumentação (argumento) 15, 17, 33, 40, 41, 44, 52, 81, 82, 84, 90, 97, 98
   a partir dos opostos 95
   socrática 40
Aristipo 27
Arístocles 18
Aristófanes 27
Aríston (pai) 19, 23
Aristóteles 29, 30, 55, 63, 65, 79, 80, 92, 95, 97, 100, 102
arte egípcia 21, 22
arte grega 20, 21, 23
artes 20, 33, 68
Atlântida 46-48, 100
automoção 81

B

Balliol College, Oxford 56
Banquete (Platão) 35, 49, 51-53, 92
   escada do amor 52
bens divinos 60
boa vida 25, 29, 42, 61, 74
bondade 43, 85
burocracia 68, 69

C

Cármides (Platão) 19, 35
casamento 29, 49
ceticismo 43, 44
Cícero 42, 100
compreensão (intelecção, entendimento) 8, 25, 26, 36-38, 41, 52, 68, 69, 76, 81, 86, 88-90, 94, 102
conhecimento 8, 10-12, 14-17, 26, 35, 37, 39, 62, 65, 69, 76, 79, 80, 84, 88-91, 95, 101
   matemática e 88
conhecimento estruturado 89
criatividade 45, 46
cristianismo 49, 64, 76, 85, 97
Crítias (Platão) 19, 34, 35, 46
Crítias (tio) 19
Críton (Platão) 35, 43, 61, 62, 72, 100
cultura popular 66

D

Delville, Jean 58
democracia 19, 26, 68-70
Demos 19
desejos 73, 74
desejos de curto prazo 73
despertar 79
Deus Artesão 85
deuses 24, 45, 46, 64, 85, 86, 93
dever cívico 29
dialegesthai (discussão) 90
dialética 32
diálogo (forma) 8, 14, 16, 19, 20, 26, 27, 36, 38, 40, 46, 49, 53, 75, 91, 101
    narrativa imaginativa 46
    o distanciamento 38
Dídimo, Ário 43
Díon 25
Dionísio II, rei 24
Discussão do Santíssimo Sacramento (Rafael) 96
distanciamento 38, 42, 49, 64
Donatello 75
dualismo 71, 81
dualismo platônico 81

E

Egito 20, 99
eleições 70
emoções 66, 74
encarnação 75, 81, 82
entretenimento 36, 45, 46, 65
epistemologia 41, 101
escola de Atenas, A (Rafael) 97
escola de Platão, A (Delville) 29, 40, 58
Espeusipo (sobrinho) 23
espírito 68, 70, 73, 74, 76
Ésquines 27
Estado 21, 67, 70, 86, 100
Estela de Dexileo 23
Estienne, Henri 9
estoicos 61
Estrangeiro de Eleia 38, 43, 45
ética 30, 41, 59, 82
Ética (Aristóteles) 97, 100
eu 39, 62, 63, 71-74, 78, 82
Euclides 97
Eutidemo (Platão) 35, 60, 100

F

família nuclear 53, 54, 68
Fédon (Platão) 35, 46, 72, 75, 79, 80, 89, 92, 94, 101
    Sócrates no leito de morte 72
Fedro (Platão) 32, 35, 46, 49, 51, 56, 74, 75, 79, 101
    imortalidade da alma 79, 80
    metáfora da biga de dois cavalos 74
felicidade (*eudaimonia*) 41, 43, 56, 59, 60, 63, 65, 100
feminismo 55
ficção 32, 45, 47, 48
Filebo (Platão) 35, 89, 100
filmes 47
filosofia
    a energia do amor e a 52

argumentação e discussão 90
filosofia política 24
física 30, 41, 49, 60
Formas 16, 42, 43, 79, 85, 90-98, 101
Freud, Sigmund 52

G

gênero 47, 49, 53, 55
Gênese 86
geometria 14, 89
Gláucon (irmão) 19
Górgias (Platão) 19, 32, 34, 35, 43, 44, 46, 61, 100
guerra civil 19
Guerra do Peloponeso 19

H

Hípias maior (Platão) 34, 35, 94
Homero 45, 65
homossexualismo 29, 56

I

Ilíada (Homero) 65
imaginação 45, 46
imortalidade 79, 80
individualismo 67
Invention of Love, The (peça de Stoppard) 56, 100
Ironia 33

J

Jowett, Benjamin 56
judaísmo 49, 85
julgamento pós-morte 81, 82
Júlio II, papa 97

K

kleroterion (máquina lotérica) 70

L

Leis (Platão) 20, 21, 26, 35, 53, 54, 60, 65-68, 70, 79, 86, 100, 101
Leonardo da Vinci 97
linguagem 41, 52, 74, 93
literatura 33, 101
lógica 30, 41, 98
Lucano 51

M

matemática 29, 79, 84, 87-90, 94
medicina 68, 69
Mênon (Platão) 14, 16, 35, 89
metafísica 40, 41, 82, 84, 92, 94, 101
metáforas 33
método aporético 42
misoginia 53
mito 45, 46, 81
modelos 65
monoteísmo 46, 85
moralidade 40
morte 19, 34, 35, 40, 71, 72, 76, 80-82
motivação 25, 73
motivação racional de longo prazo 73
movimentos feministas 58
mudança 18, 79, 93, 95
mulheres 53-55, 58, 67, 68

N

narrativa 46
navegação 68, 69
necessidade 32, 74, 84, 88
Notomi, Noburu 98, 101
Nuvens, As (Aristófanes) 27

O

Odisseia 65
opinião verdadeira 7, 8, 10, 11, 14, 91-93

P

pais da Igreja 49
Parmênides (Platão) 19, 35, 91, 97
Pater, Walter 56
pensamento puro 79
perfeição 64
Perictione (mãe) 19
personagens 36
persuasão 10, 11, 12, 32, 33, 35, 89, 93
Pirilampes (padrasto) 19
Pitágoras 24, 89, 97
Platão
    como semidivino 24
    factoides 19
    forma dramática 33, 36, 37
    fundação da Academia 30
    nascimento 24
    rejeição do dever cívico 29
    rejeição do entretenimento inocente 46, 56
    "sétima carta" 24
platônicos médios 41
platonismo 30, 40, 44, 75, 97
Plotino 41
Plutarco 39, 99
poder absoluto 69
poesia 31, 32, 65, 66
politeísmo 85
política 24, 25, 41, 58, 67, 85, 99, 100
Político (Platão) 35, 46, 68, 93, 100
    controle democrático 68
prazer 43
Protágoras (Platão) 34, 35, 43
prova geométrica 14, 16

R

Rafael 95-97
razão 33, 37, 39, 73, 74, 84, 94
recitação 45, 65
reencarnação 81
relação mentor-pupilo 51
relações homoeróticas 49
religião 85, 86
reminiscência 14, 15, 17
Renascimento 97
República (Platão) 8, 19, 32, 35, 45, 46, 53-56, 58, 65-69, 73-76, 85, 86, 89, 92-94, 100, 101
    divisão da alma 73
    Estado idealizado 70
retórica 25, 31-33, 80
riqueza 60-63

S

sabedoria 20, 31, 33, 34, 39, 60, 64, 90, 98

Santo Agostinho 49
São Justino Mártir 96
saúde 60-63
sentidos 49, 76-78, 84, 90, 93
seres vivos (empsucha) 71
sexo 49, 51, 55, 58
Sexto Empírico 42
Siracusa 24
Sócrates
   busto de 28
   julgamento e execução de 39
Sócrates (nos diálogos)
   efeito uniformizante da opinião 66
   o papel de "parteiro" 38
   transformação do desejo sexual 52
Sólon 19
sonhos 62
Stephanus 9
Stoppard, Tom 56, 100

T

teatro 36, 65, 66
Teeteto (Platão) 7, 8, 77, 78
   Tornar-se como deus 63
televisão 65
thumos 73
Tibério, imperador 35
Timeu (Platão) 24, 35, 43, 46, 74, 79, 84-89, 91-93, 97, 101
   assimilado ao Gênese 86
   criação do mundo 84
   divisão da alma 75
tragédia grega 66
Trásilo 35
Trinta Tiranos 19

U

unidade 44, 73, 75, 78
universais 52, 93
Userwer (escultor) 22

V

Verne, Júlio 48
Vinte mil léguas submarinas (Verne) 48
virtude 24, 35, 41, 61-65, 70, 88, 98, 100
vitorianos 56

X

Xenofonte 27

Lista de ilustrações

1. Busto de Platão / Staatliche Antikensammlungen und Glyptothek, Munich / Fotografia de Koppermann / 13

2. Exemplo de arte egípcia / British Museum, Londres / 22

3. Exemplo de arte grega / Kerameikos Museum, Atenas / Fotografia de Hirmer Verlag / 23

4. Busto de Sócrates / Museo Archivio Nazionale, Nápoles/Bridgeman Art Library, Londres / 28

5. Atlântida no romance *Vinte mil léguas submarinas*, de Júlio Verne / Mary Evans Picture Library / 48

6. Taça ática de figuras negras contendo cena de um homem cortejando um menino / Museum of Fine Arts, Boston / 50

7. Jean Delville, *A escola de Platão* / Musée d'Orsay, Paris/Bridgeman Art Library, Londres / 57

8. Mecanismo lotérico da ágora ateniense / American School of Classical Studies, Atenas / Fotografia de Craig Mauzy / 70

9. Detalhe de *Busto de um rapaz*, de Donatello / Museo Nazionale del Bargello, Florença / Fotografia AKG Berlin/S. Domingie / 75

10. Deus Pai criando o mundo, de um manuscrito medieval / Biblioteca Nacional da Áustria, Viena / Fotografia AKG Londres / 87

11. Platão e Aristóteles, da *Escola de Atenas*, de Rafael / Stanza della Segnatura, Vaticano / 95

12. São Justino Mártir, da *Discussão do Santíssimo Sacramento*, de Rafael Stanza della Segnatura, Vaticano / Fotografia AKG Londres, Pirozzi / 96

Coleção **L&PM** POCKET (LANÇAMENTOS MAIS RECENTES)

934. **Nem te conto, João** – Dalton Trevisan
935. **As aventuras de Huckleberry Finn** – Mark Twain
936(21). **Marilyn Monroe** – Anne Plantagenet
937. **China moderna** – Rana Mitter
938. **Dinossauros** – David Norman
939. **Louca por homem** – Claudia Tajes
940. **Amores de alto risco** – Walter Riso
941. **Jogo de damas** – David Coimbra
942. **Filha é filha** – Agatha Christie
943. **M ou N?** – Agatha Christie
944. **Maigret se defende** – Simenon
945. **Bidu: diversão em dobro!** – Mauricio de Sousa
946. **Fogo** – Anaïs Nin
947. **Rum: diário de um jornalista bêbado** – Hunter Thompson
948. **Persuasão** – Jane Austen
949. **Lágrimas na chuva** – Sergio Faraco
950. **Mulheres** – Bukowski
951. **Um pressentimento funesto** – Agatha Christie
952. **Cartas na mesa** – Agatha Christie
953. **Maigret em Vichy** – Simenon
954. **O lobo do mar** – Jack London
955. **Os gatos** – Patricia Highsmith
956(22). **Jesus** – Christiane Rancé
957. **História da medicina** – William Bynum
958. **O Morro dos Ventos Uivantes** – Emily Brontë
959. **A filosofia na era trágica dos gregos** – Nietzsche
960. **Os treze problemas** – Agatha Christie
961. **A massagista japonesa** – Moacyr Scliar
962. **A taberna dos dois tostões** – Simenon
963. **Humor do miserê** – Nani
964. **Todo o mundo tem dúvida, inclusive você** – Édison Oliveira
965. **A dama do Bar Nevada** – Sergio Faraco
966. **O Smurf Repórter** – Peyo
967. **O Bebê Smurf** – Peyo
968. **Maigret e os flamengos** – Simenon
969. **O psicopata americano** – Bret Easton Ellis
970. **Ensaios de amor** – Alain de Botton
971. **O grande Gatsby** – F. Scott Fitzgerald
972. **Por que não sou cristão** – Bertrand Russell
973. **A Casa Torta** – Agatha Christie
974. **Encontro com a morte** – Agatha Christie
975(23). **Rimbaud** – Jean-Baptiste Baronian
976. **Cartas na rua** – Bukowski
977. **Memória** – Jonathan K. Foster
978. **A abadia de Northanger** – Jane Austen
979. **As pernas de Úrsula** – Claudia Tajes
980. **Retrato inacabado** – Agatha Christie
981. **Solanin (1)** – Inio Asano
982. **Solanin (2)** – Inio Asano
983. **Aventuras de menino** – Mitsuru Adachi
984(16). **Fatos & mitos sobre sua alimentação** – Dr. Fernando Lucchese
985. **Teoria quântica** – John Polkinghorne
986. **O eterno marido** – Fiódor Dostoiévski
987. **Um safado em Dublin** – J. P. Donleavy
988. **Mirinha** – Dalton Trevisan
989. **Akhenaton e Nefertiti** – Carmen Seganfredo e A. S. Franchini
990. **On the Road – o manuscrito original** – Jack Kerouac
991. **Relatividade** – Russell Stannard
992. **Abaixo de zero** – Bret Easton Ellis
993(24). **Andy Warhol** – Mériam Korichi
994. **Maigret** – Simenon
995. **Os últimos casos de Miss Marple** – Agatha Christie
996. **Nico Demo** – Mauricio de Sousa
997. **Maigret e a mulher do ladrão** – Simenon
998. **Rousseau** – Robert Wokler
999. **Noite sem fim** – Agatha Christie
1000. **Diários de Andy Warhol (1)** – Editado por Pat Hackett
1001. **Diários de Andy Warhol (2)** – Editado por Pat Hackett
1002. **Cartier-Bresson: o olhar do século** – Pierre Assouline
1003. **As melhores histórias da mitologia: vol. 1** – A.S. Franchini e Carmen Seganfredo
1004. **As melhores histórias da mitologia: vol. 2** – A.S. Franchini e Carmen Seganfredo
1005. **Assassinato no beco** – Agatha Christie
1006. **Convite para um homicídio** – Agatha Christie
1007. **Um fracasso de Maigret** – Simenon
1008. **História da vida** – Michael J. Benton
1009. **Jung** – Anthony Stevens
1010. **Arsène Lupin, ladrão de casaca** – Maurice Leblanc
1011. **Dublinenses** – James Joyce
1012. **120 tirinhas da Turma da Mônica** – Mauricio de Sousa
1013. **Antologia poética** – Fernando Pessoa
1014. **A aventura de um cliente ilustre** *seguido de* **O último adeus de Sherlock Holmes** – Sir Arthur Conan Doyle
1015. **Cenas de Nova York** – Jack Kerouac
1016. **A corista** – Anton Tchékhov
1017. **O diabo** – Leon Tolstói
1018. **Fábulas chinesas** – Sérgio Capparelli e Márcia Schmaltz
1019. **O gato do Brasil** – Sir Arthur Conan Doyle
1020. **Missa do Galo** – Machado de Assis
1021. **O mistério de Marie Rogêt** – Edgar Allan Poe
1022. **A mulher mais linda da cidade** – Bukowski
1023. **O retrato** – Nicolai Gogol
1024. **O conflito** – Agatha Christie
1025. **Os primeiros casos de Poirot** – Agatha Christie
1026. **Maigret e o cliente de sábado** – Simenon
1027(25). **Beethoven** – Bernard Fauconnier
1028. **Platão** – Julia Annas
1029. **Cleo e Daniel** – Roberto Freire
1030. **Til** – José de Alencar
1031. **Viagens na minha terra** – Almeida Garrett
1032. **Profissões para mulheres e outros artigos feministas** – Virginia Woolf
1033. **Mrs. Dalloway** – Virginia Woolf
1034. **O cão da morte** – Agatha Christie
1035. **Tragédia em três atos** – Agatha Christie
1036. **Maigret hesita** – Simenon
1037. **O fantasma da Ópera** – Gaston Leroux

COLEÇÃO 64 PÁGINAS

LIVROS QUE CUSTAM SEMPRE R$ 5,00!

E-BOOKS R$ 3,00!

DO TAMANHO DO SEU TEMPO.
E DO SEU BOLSO

L&PM POCKET

IMPRESSÃO:

Pallotti
GRÁFICA EDITORA
IMAGEM DE QUALIDADE

Santa Maria - RS - Fone/Fax: (55) 3220.4500
www.pallotti.com.br